列国志

GUIDE TO
THE WORLD
NATIONS

新版

乔 旋 李广一
编著

GUINEA BISSAU

几内亚比绍

社会科学文献出版社
SOCIAL SCIENCES ACADEMIC PRESS (CHINA)

本基灵

比尼奥纳

韦林加拉

科尔达
Kolda

锡门蒂

济金绍尔
Ziguinchor

圣多明戈斯

萨雷巴卡尔

法林
Farim

皮拉达

桑巴伊洛

尤孔孔
Youkounkoun

瓦雷拉

卡谢乌
Cacheu

卡约

布拉

比索朗

几内亚比绍

布龙图乌

加布
Gabú

孔达拉
Koundara

雅塔岛

佩西谢岛

卡拉韦拉岛
Ilha Caravela

福莫萨岛

卡拉谢岛

乌诺岛 Ilha de Uno

奥兰古岛
Ilha de Orango

比绍
BISSAU

GUINEA-BISSAU

芒索阿 Mansoa

巴法塔
Bafatá

逼拉孔达
Polacunda

博拉马岛 Bolama

博拉马岛

小奥兰古岛

罗沙岛

卡西内

贝利
Beli

博埃城
Boé

栋比亚东

加瓦尔
Gadual

莱卢

博凯
BOKÉ

卡科尼
Kakoni

热 戈 斯 群
Arguipélago dos Bijagós

特里斯唐岛

未提奥
Catió

桑萨来

康法朗代

卡姆萨尔
Kamsar

博凯
Boké

桑加雷吉
Sangarédyi

几马

邦巴亚

泰利梅莱
Télimélé

西 洋

图尼菲利

弗里亚
Fria

博法
Boffa

金迪亚区
KINDIA

孔库雷

杜布雷卡
Dubréka

金迪亚
Kindia

几内亚比绍行政区划图

几内亚比绍国旗

几内亚比绍国徽

几内亚比绍国家体育场（新华社记者李京　摄）

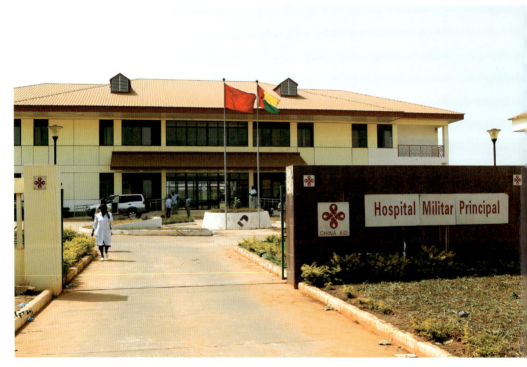

中国援建的几内亚比绍军队总医院（新华社记者李京　摄）

总统府（新华社记者李京　摄）

2014 年 3 月 25 日几比邮政局发行
纪念邮票（作者　提供）

2014 年 8 月 11 日几比国立行政学校 297 名学生获得毕业文凭（贺文萍　摄）

首都比绍市中心英雄广场的雕像（贺文萍　摄）

出版说明

　　《列国志》编撰出版工作自 1999 年正式启动，截至目前，已出版 144 卷，涵盖世界五大洲 163 个国家和国际组织，成为中国出版史上第一套百科全书式的大型国际知识参考书。该套丛书自出版以来，受到社会各界的广泛好评，被誉为"21 世纪的《海国图志》"，中国人了解外部世界的全景式"窗口"。

　　这项凝聚着近千学人、出版人心血与期盼的工程，前后历时十多年，作为此项工作的组织实施者，我们为这煌煌 144 卷《列国志》的出版深感欣慰。与此同时，我们也深刻认识到当今国际形势风云变幻，国家发展日新月异，人们了解世界各国最新动态的需要也更为迫切。鉴于此，为使《列国志》丛书能够不断补充最新资料，更好地服务于社会各界，我们决定启动新版《列国志》编撰出版工作。

　　与已出版的 144 卷《列国志》相比，新版《列国志》无论是形式还是内容都有新的调整。国际组织卷次将单独作为一个系列编撰出版，原来合并出版的国家将独立成书，而之前尚未出版的国家都将增补齐全。新版《列国志》的封面设计、版面设计更加新颖，力求带给读者更好的阅读享受。内容上的调整主要体现在数据的更新、最新情况的增补以及章节设置的变化等方面，目的在于进一步加强该套丛书将基础研究和应用对策研究相结合，将基础研究成果应用于实践的特色。例如，增加了各国有关资源开发、环境治理的内容；特设"社会"一章，介绍各国的国民生活情况、社会管理经验以及存在的社会问题，等等；增设"大事纪年"，方便读者在短时间内熟悉各国的发展线索；增设"索引"，便于读者根据人名、地名、关键词查找所需相关信息。

顺应时代发展的要求，新版《列国志》将以纸质书为基础，全面整合国别国际问题研究资源，构建列国志数据库。这是《列国志》在新时期发展的一个重大突破，由此形成的国别国际问题研究资讯平台，必将更好地服务于中央和地方政府部门，应对日益繁杂的国际事务的决策需要，促进国别国际问题研究领域的学术交流，拓宽中国民众的国际视野。

新版《列国志》的编撰出版工作得到了各方的支持：国家主管部门高度重视，将其列入国家十二五重点出版规划项目；中国社会科学院将其列为创新工程学术出版资助项目，王伟光院长亲自担任编辑委员会主任，指导相关工作的开展；国内各高校和研究机构鼎力相助，国别国际问题研究领域的知名学者相继加入编辑委员会，提供优质的学术咨询与指导。相信在各方的通力合作之下，新版《列国志》必将更上一层楼，以崭新的面貌呈现给读者，在中国改革开放的新征程中更好地发挥其作为"知识向导""资政参考"和"文化桥梁"的作用！

新版《列国志》编辑委员会

2013 年 9 月

前　言

　　自 1840 年前后中国被迫开关、步入世界以来，对外国舆地政情的了解即应时而起。还在第一次鸦片战争期间，受林则徐之托，1842 年魏源编辑刊刻了近代中国首部介绍当时世界主要国家舆地政情的大型志书《海国图志》。林、魏之目的是为长期生活在闭关锁国之中、对外部世界知之甚少的国人"睁眼看世界"，提供一部基本的参考资料，尤其是让当时中国的各级统治者知道"天朝上国"之外的天地，学习西方的科学技术，"师夷之长技以制夷"。这部著作，在当时乃至其后相当长一段时间内，产生过巨大影响，对国人了解外部世界起到了积极的作用。

　　自那时起，中国认识世界、融入世界的步伐就再也没有停止过。中华人民共和国成立以后，尤其是 1978 年改革开放以来，中国更以积极主动的自信自强的姿态，加速融入世界的步伐。与之相适应，不同时期先后出版过相当数量的不同层次的有关国际问题、列国政情、异域风俗等方面的著作，数量之多，可谓汗牛充栋。它们对时人了解外部世界起到了积极的作用。

　　当今世界，资本与现代科技正以前所未有的速度与广度在国际流动和传播，"全球化"浪潮席卷世界各地，极大地影响着世界历史进程，对中国的发展也产生极其深刻的影响。面临不同于以往的"大变局"，中国已经并将继续以更开放的姿态、更快的步伐全面步入世界，迎接时代的挑战。不同的是，我们所面临的已不是林则徐、魏源时代要不要"睁眼看世界"、要不要"开放"的问题，而是在新的历史条件下，在新的世界发展大势下，如何更好地步入世界，如何在融入世界的进程中更好地维护民族国家的主权与独立，积极参与国际事务，为维护世界和平，促进世界与人类共同发展做出贡献。这就要求我们对外部世界有比以往更深切、更全面的了解，我们只有更全面、更深入地了解世界，才能在更高的层次上融入世界，也才能在融入世界的进程中不迷失方向，保持自我。

与此时代要求相比，已有的种种有关介绍、论述各国史地政情的著述，无论从规模还是内容来看，已远远不能适应我们了解外部世界的要求。人们期盼有更新颖、更系统、更权威的著作问世。

中国社会科学院作为国家哲学社会科学的最高研究机构和国际问题综合研究中心，有 11 个专门研究国际问题和外国问题的研究所，学科门类齐全，研究力量雄厚，有能力也有责任担当这一重任。早在 20 世纪 90 年代初，中国社会科学院的领导和中国社会科学出版社就提出编撰"简明国际百科全书"的设想。1993 年 3 月 11 日，时任中国社会科学院院长的胡绳先生在科研局的一份报告上批示："我想，国际片各所可考虑出一套列国志，体例类似几年前出的《简明中国百科全书》，以一国（美、日、英、法等）或几个国家（北欧各国、印支各国）为一册，请考虑可行否。"

中国社会科学院科研局根据胡绳院长的批示，在调查研究的基础上，于 1994 年 2 月 28 日发出《关于编纂〈简明国际百科全书〉和〈列国志〉立项的通报》。《列国志》和《简明国际百科全书》一起被列为中国社会科学院重点项目。按照当时的计划，首先编写《简明国际百科全书》，待这一项目完成后，再着手编写《列国志》。

1998年，率先完成《简明国际百科全书》有关卷编写任务的研究所开始了《列国志》的编写工作。随后，其他研究所也陆续启动这一项目。为了保证《列国志》这套大型丛书的高质量，科研局和社会科学文献出版社于1999年1月27日召开国际学科片各研究所及世界历史研究所负责人会议，讨论了这套大型丛书的编写大纲及基本要求。根据会议精神，科研局随后印发了《关于〈列国志〉编写工作有关事项的通知》，陆续为启动项目拨付研究经费。

为了加强《列国志》项目编撰出版工作的组织协调，根据时任中国社会科学院院长的李铁映同志的提议，2002年8月，成立了由分管国际学科片的陈佳贵副院长为主任的《列国志》编辑委员会。编委会成员包括国际片各研究所、科研局、研究生院及社会科学文献出版社等部门的主要领导及有关同志。科研局和社会科学文献出版社组成《列国志》项目工作组，社会科学文献出版社成立了《列国志》工作室。同年，《列国志》项目被批准为中国社会科学院重大课题，新闻出版总署将《列国志》项目列入国家重点图书出版计划。

在《列国志》编辑委员会的领导下，《列国志》各承担单位尤其是各位学者加快了编撰进度。作为一项大型研究项目和大型丛书，编委会对《列国志》提出的基本要求是：资料翔实、准确、最新，文笔流畅，学术性和可读性兼备。《列国志》之所以强调学术性，是因为这套丛书不是一般的"手册""概览"，而是在尽可能吸收前人成果的基础上，体现专家学者们的研究所得和个人见解。正因为如此，《列国志》在强调基本要求的同时，本着文责自负的原则，没有对各卷的具体内容及学术观点强行统一。应当指出，参加这一浩繁工程的，除了中国社会科学院的专业科研人员以外，还有院外的一些在该领域颇有研究的专家学者。

现在凝聚着数百位专家学者心血，共计 141 卷，涵盖了当今世界 151 个国家和地区以及数十个主要国际组织的《列国志》丛书，将陆续出版与广大读者见面。我们希望这样一套大型丛书，能为各级干部了解、认识当代世界各国及主要国际组织的情况，了解世界发展趋势，把握时代发展脉络，提供有益的帮助；希望它能成为我国外交外事工作者、国际经贸企业及日渐增多的广大出国公民和旅游者走向世界的忠实"向导"，引领其步入更广阔的世界；希望它在帮助中国人民认识世界的同时，也能够架起世界各国人民认识中国的一座"桥梁"，一座中国走向世界、世界走向中国的"桥梁"。

《列国志》编辑委员会
2003 年 6 月

CONTENTS

目 录

CONTENTS

目　录

CONTENTS

目 录

CONTENTS

目 录

CONTENTS
目 录

CONTENTS

目 录

导　言

　　几内亚比绍共和国（Republica da Guine-Bissau）位于非洲中西部，西面和西南面是大西洋，北与塞内加尔共和国相接，东面和东南面与几内亚共和国为邻。为了与几内亚共和国的国名相区别，在几内亚之后加首都之名"比绍"，组成国名。

　　几内亚比绍全境以大陆为主，另有 18 个较大岛屿和许多小岛屿，总面积 36125 平方千米。按照地形特点，该国分为沿海和内陆两个迥然不同的部分。沿海地区为海拔 4 米左右的平原，面积约占全国的一半。内河注入大西洋，形成许多又深又宽的三角港湾以及成片的沼泽、湖泊，使沿海地区河流纵横，湖泊密布。内河弯曲，水深流缓，利于农业灌溉和通航，故几内亚比绍又有"热带水乡"的美称。热巴河由东北流向西南贯穿全国，流经 8 个省中的 5 个，沿岸平原广阔，土地肥沃，适宜种植水稻。内陆地区通常为海拔 200 米以下的热带稀树草原与丘陵地带，遍布灌木、乔木，处处森林茂密。最高处为博埃山，海拔 300 米，是全境最高点。几内亚比绍的气候因地区而异，沿海地区以热带海洋性季风气候为主，炎热潮湿；内陆地区则为典型的热带草原气候，酷热干燥。因受撒哈拉沙漠和南大西洋气候群来回移动的影响，全年分为旱雨两季。总体而言，几内亚比绍终年高温，四季如夏。年平均降雨量北部为 1500 毫米左右，南部为 3000 毫米左右，沿海地区更多。由于地处撒哈拉沙漠南端，地势又较低，近年来日益受到撒哈拉地区干旱的影响，蒸发量逐渐增加，尤其在北部，蒸发量已超过降雨量。

　　几内亚比绍人口在 2016 年时约为 176 万。该国虽然国小人少，却是一个多民族国家，有 27 个部族。因曾是葡萄牙的殖民地，故其官方语言为葡萄牙语，但各部族间通用克里奥尔语，也使用其他非洲语言。几内亚比绍约 45%

的人信仰伊斯兰教，22%的人信仰基督教，15%的人信仰拜物教，即原始宗教，16%的人宗教信仰不确定，还有约2%的人没有宗教信仰。

几内亚比绍曾是非洲古国桑海帝国的一部分。1446年，葡萄牙殖民者侵占了几内亚比绍的博拉马岛并将其作为将从非洲劫掠来的黑人贩运到美洲的中转站。1836年，葡萄牙在佛得角设立殖民政府，管辖佛得角和几内亚比绍。1879年，葡萄牙将几内亚比绍从佛得角划出，并在博拉马派驻总督管理。1951年，葡萄牙又把几内亚比绍定为"海外省"，从此几内亚比绍沦为葡萄牙的直辖殖民地。

葡萄牙的殖民统治激起几内亚比绍人民的反抗，进入20世纪后，这一反抗又有了新发展，各部族都爆发了反对殖民者的斗争。1956年9月，阿米卡尔·卡布拉尔等人组建了几内亚和佛得角非洲独立党（简称几佛独立党），领导全国的反葡斗争。一开始，该党采取和平请愿手段来促使葡萄牙放弃殖民统治，但1959年8月3日比基吉迪码头工人罢工请愿惨遭屠杀的惨案发生后，几佛非洲独立党认识到，殖民当局已经堵住了进行合法斗争的途径，武装斗争已成为争取民族解放的唯一手段。1963年1月23日，几佛非洲独立党领导的游击队打响了武装斗争的第一枪，揭开了几内亚比绍人民武装反抗殖民统治的序幕。到1973年，人民武装已控制了2/3国土。同年9月24日，几内亚比绍第一届全国人民议会宣布几内亚比绍共和国成立。1974年8月，葡萄牙当局被迫宣布承认几内亚比绍独立。长达5个世纪的葡萄牙殖民统治宣告结束。

几内亚比绍独立后，政府和人民为了改变贫穷落后的面貌，制定并实施了减贫战略，积极发展农业，努力促进经济发展并取得了一定的成果。但几内亚比绍原是殖民地，经济基础薄弱，经济结构单一，加上在经济发展过程中，政策失误，政变频繁，致使社会和经济发展效果大受影响，国家至今未能摘掉贫穷落后的帽子。在2014年12月联合国公布的最不发达国家报告中，几内亚比绍被定为全球48个"最不发达"国家之一。

几内亚比绍共和国自独立以来，始终奉行反帝反殖、和平与睦邻友好的外交政策。几内亚比绍政府虽多次更迭，但历届政府对一些重大国际问题始终坚持正确的原则，态度明确坚定。几内亚比绍同中国虽远隔重洋，但两国友谊可追溯到该国民族独立斗争时期。1974年两国建交，1990年外交关系中断，1998 年复交。此后两国合作获得较快发展，多次签署经济技术合作协定，内容涉及农业、渔业、建筑业、电力、文教、卫生等领域。中国政府多次向该国提供资金和物质援助，提供奖学金名额，派遣医疗队，援建十大项目等。两国人员交往不断，其中，中国时任外交部部长李肇星与中联部部长王家瑞分别于 2007 年和 2011 年访问几内亚比绍。几内亚比绍时任总统亚拉和维埃拉、议长贝南特、总理戈梅斯和巴罗斯等都曾访问中国。2015 年 12 月，第二届中非合作论坛峰会在约翰内斯堡举行期间，中国国家主席习近平会见了几内亚比绍总统瓦斯。瓦斯总统在峰会结束后接受媒体采访时盛赞中非合作论坛峰会取得的丰硕成果，并表示要抓住中非合作论坛的契机，很好地利用中国提供的发展机遇。

　　本书对几内亚比绍的国土、人口、经济、政治、军事、历史、文化、社会、旅游和外交等方面做了较为详尽的全面介绍，期望帮助读者对这个有着独特色彩的非洲国家能有比较全面、深入的了解。本书力求做到资料准确翔实，文笔朴实流畅，可读性强。对于一些不易理解的问题，则用注释予以补充说明。本书适合国际关系专业和非洲问题研究的学生、研究人员和爱好者阅读，并可作为赴非旅游、务工、经商和从事外事工作人员的重要参考读物。

　　本书是乔旋和李广一合作的成果，李广一拟定本书的框架和提纲，对全书进行校订、补充、修改并定稿；乔旋撰写书稿。在写作过程中，笔者吸取了 2007 年出版的《赤道几内亚·几内亚比绍·圣多美和普林西比·佛得角》一书中有关几内亚比绍的部分文字和研究内容，参考了中华人民共和国外交部网站、中华人民共和国商务部网站和中华人民共和国驻几内亚比绍大使馆网站的相关资料。中国社会科学院西亚非洲研究所詹世明副研究员、赵茹林副研究员、沈晓雷博士对本书的资料收集提供了宝贵的帮助，在此一并致谢。

　　由于作者水平有限，加上在国内要找到几内亚比绍的有关资料异常困难，因此本书难免有疏漏和错误之处，敬请广大读者批评指正。

李广一　乔　旋
2018 年 6 月

第一章

概　览

几内亚比绍共和国（The Republic of Guinea-Bissau, Republica da Guine-Bissau），简称几内亚比绍或几比，位于非洲西部，地处热带，西面和西南面是大西洋，北与塞内加尔共和国相接，东面和东南面与几内亚共和国为邻，总面积比瑞士或荷兰面积略小。国名释义：几内亚巴兰特语意为"前面就是村子"；为了与几内亚国名"几内亚"相区别，在"几内亚"之后加首都名"比绍"，组成国名。

第一节　国土与人民

一　国土面积

几内亚比绍共和国的国土总面积为 36125 平方千米，大陆海岸线长约 300 千米。

二　行政区划

全国划分为 8 个省和 1 个自治区，下辖 36 个县，县下设区和村镇。

北部 3 省：卡谢乌省（Cacheu），北临塞内加尔，东接奥约省，东南面是比翁博省，面积 5175 平方千米，下设 6 个县，首府为卡谢乌（Cacheu）；比翁博省（Biombo），北临卡谢乌省，东北面是奥约省，东接比绍区，面积 840 平方千米，下设 3 个县，首府为基尼亚梅尔（Quinhámel）；奥约省（Oio），北临塞内加尔，东邻巴法塔省、比绍区和比翁博省，南接基纳拉省，西毗卡谢乌省，面积 5403 平方千米，下设 5 个县，首府为法林（Farim）。

东部 2 省：巴法塔省（Bafatá），北临塞内加尔，西接奥约省和基纳拉省，南毗通巴利省，东邻加布省，面积 5981 平方千米，下设 6 个县，首府为巴法塔（Bafatá）；加布省（Gabú），北临塞内加尔，东面和南面是几内亚共和国，东接通巴利省和巴法塔省，面积 9150 平方千米，下设 5 个县，首府为加布（Gabú）。

南部 3 省：基纳拉省（Quínara），北临奥约省，东北面是巴法塔省，南接通巴利省，西邻博拉马省，面积 3138 平方千米，下设 4 个县，首府为福拉孔达（Fulacunda）；通巴利省（Tombalí），北临基纳拉省和巴法塔省，东北面是加布省，东面和南面是几内亚共和国，西邻博拉马省，面积 3736 平方千米，下设 4 个县，首府为卡蒂奥（Catió）；博拉马省（Bolama），北临卡谢乌省，东北面是比翁博省、比绍区和奥约省，东接基纳拉省和通巴利省，面积 2624 平方千米，下设 3 个县，首府为博拉马（Bolama）。

比绍自治区（Bissau），作为首都，面积 78 平方千米，是全国第一大城市，也是主要港口和行政、军事中心。

三　地理位置

几内亚比绍地处东经 13°38′～16°43′，北纬 10°57′～12°40′，时区为零时区（UTC +0），比格林尼治时间早 1 小时，比北京时间晚 7 小时。全境以大陆为主，另有 18 个主要岛屿和许多小岛屿，其中博拉马岛和比热戈斯群岛（Bijagos Archipelago）最大。该国西部外缘因海浸作用，形成三角湾海岸，海岸线曲折呈锯齿形，达 300 千米；陆地国界线长 762 千米，北面与塞内加尔接壤 341 千米，东面与东南面与几内亚共和国接壤 421 千米，[①] 其国土形状犹如一朵美丽的牵牛花。

---

① CIA: "The World Factbook: Guinea-Bissau", https://www.cia.gov/library/publications/the-world-factbook/geos/pu.html.

四 地形气候

按照地形特点，全国分为沿海地区和内陆地区两部分，两者在地理上迥然不同。内陆地区多为海拔 200 米以下的冲积平原、热带稀树草原与丘陵地带，主要分布在几条较大河流的沿岸。热带草原上遍布灌木、乔木，处处森林茂密。内陆东北地区为巴法塔丘陵，东南地区为几内亚富塔贾隆高原的延伸部分，最高处为博埃山，海拔 300 米，是几比全境最高点。沿海地区则以平原为主，海拔高度为 4 米左右，面积约占整个国土的一半。由于内河入海，形成许多又深又宽的三角港湾以及连成一片的沼泽、湖泊、河流和港汉。几比境内河流纵横，湖泊密布，这些河流都流向宽阔的角湾河口，最后流向西南注入大西洋。较大的河流有卡谢乌河（Cacheu）、曼索阿河（Mansoa）、科鲁巴尔河（Corubal）、热巴河（Gêba）、布巴河（Buba）、卡西内河（Cacine）等。由于内河弯曲、水深流缓，利于农业灌溉和通航，所以几比又有"热带水乡"的美称。这些河流流经全国，大多数城市都分布在内河沿岸，如首都比绍和卡谢乌、博拉马等。科鲁巴尔河为水量最大的河流，另一条大河热巴河由东北向西南贯穿全国，流经几内亚比绍 8 个省中的 5 个，沿岸一片平原，土地肥沃，适于种植水稻。目前热巴河流域有大片没有开发的土地，即使已经开垦耕种的小块土地，每年也只能在雨季收获一季。由于热巴河失修，往往雨季一到，河水漫溢，淹没稻田，冲毁禾苗，使收成得不到保证。海潮是几内亚比绍的一种主要水文现象。海潮的入侵不仅淹没土地，而且导致土壤的盐碱化，对发展农业生产有很大的影响。几比全国遭受海潮侵蚀的面积达 4000 多平方千米，海潮随着几条主要河流深入内地达 100 多千米，常常是来势凶猛。

几比的气候因地区而异。沿海地区以热带海洋性季风气候为主，通常炎热潮湿；内陆则为典型的热带草原气候。受撒哈拉大沙漠和南大西洋气候群来回移动的影响，全年分为旱雨两季，每年 6 月到 11 月是季风型雨季，盛行西南风，12 月到翌年 5 月为旱季，盛行干燥的东北哈马丹风（harmattan）。整个大陆终年高温，年平均气温达27℃，四季如夏，4月、5月、6月和10月气温最高，12月和次年1月气温最低。日平均气温最高达39℃，最低12℃。在正常年份中，年平均降雨量北部为1500毫米，沿海南部地区达3000毫米。沿海降雨量大大超过内陆地区，其中7月、8月、9月三个月的降雨量一般占全年的80%左右。由于地处撒哈拉大沙漠南端，地势又较低，因此近年来逐渐受到撒哈拉地区干旱的影响，蒸发量日益增加，尤其在北部，蒸发量已大于降水量。

五　国旗、国徽、国歌

国旗：在1973年9月24日该国脱离葡萄牙殖民统治后开始启用，呈横长方形，长与宽之比为2∶1。旗帜包含传统泛非颜色，由红、黄、绿、黑四色组成。靠旗杆一侧为红色竖长方形，中央有一颗黑色五角星；旗面右侧为两个平行相等的横长方形，上黄下绿。红色象征为民族独立而斗争的战士的鲜血；黄色既代表矿物资源，也象征着国家的财富、丰收和人民的希望；绿色代表森林与农田，象征着国家的农业；黑色五角星象征独立运动的光辉历程，还象征非洲黑人的尊严、自由与和平。

国徽：由红、黄、绿、黑四色组成的圆形国徽制定于1973年。国徽上端的黑色五角星是独立运动的标志，表示又一个新兴国家从非洲大地冉冉升起；下端的金黄色贝壳暗示几内亚比绍濒临大西洋，由众多岛屿组成，同时也表明海洋渔业在其国民经济中的重要地位。贝壳两侧的绿色油棕叶苍翠而宽大，这是该国的主要经济作物；上端穿过油棕叶的红色饰带上用葡萄牙文写着"团结、战斗、进步"几个词。几内亚比绍人把自己看作国家这棵大树上的枝叶，并坚信大树的灵魂是不朽的。

国歌：《这是我们亲爱的家乡》，由几内亚比绍的开国领导人阿米卡尔·卡布拉尔（Amílcar Cabral）作词，中国作曲家晓河（何同鉴）作曲。1963年葡属几内亚代表团访问中国，其间几比独立运动领导人

　　阿米卡尔·卡布拉尔听到了晓河创作的音乐，提出希望作曲者能创作一支可以激励几比独立运动发展的乐曲。晓河根据非洲音乐的特点进行了创作。这首歌曲的旋律风格由一种概括性的非洲音调组成，建立在进行曲的格式上，坚定豪迈，稳健有力，其中的同音反复表现出一种不可动摇的信念，平衡均匀的并列乐句构成第一个段落，表达出歌曲的主题内容，在结束句后插入副歌，起到渲染作用，最后在高昂的歌颂声中结束。[①] 最终，由晓河作曲、卡布拉尔作词的《这是我们亲爱的家乡》在几比独立以后被定为几内亚比绍国歌。

　　中文歌词：

　　　　阳光汗水芳草和海洋，几个世纪的痛苦希望，这是我们祖先的家乡。果实是我们亲手栽种，花儿用我们鲜血浇灌，这是我们亲爱的祖国。万岁我们荣耀的祖国，战斗旗帜在空中飞扬，向前来抵制外敌侵犯。在我们的不朽国家中，将和平与发展建立好。在我们的不朽国家中，将和平与发展建立好。不同的枝叶主干相同，不同的眼睛目光一致，这是我们团结的力量。大地和海洋正在歌唱，黎明和阳光随声附和，因为我们战斗的成果。万岁我们荣耀的祖国，战斗旗帜在空中飞扬，向前来抵制外敌侵犯。在我们的不朽国家中，将和平与发展建立好。在我们的不朽国家中，将和平与发展建立好。将和平与发展建立好。[②]

　　母语歌词：

　　　　Sol, suor e o verde e mar, Séculos de dor e esperança: Esta é a terra dos nossos avós! Fruto das nosas mãos, Da flôr do nosso sangue:

---

① 石夫：《时代愿望的体现——论晓河的群众歌曲艺术特色》，《音乐研究》1998 年第 4 期。

② 环球网："几内亚比绍国歌"，http：//country. huanqiu. com/anthem/index/bid/132/tid/10。

Esta é a nossa pátria amada. Viva a pátria gloriosa! Floriu nos céus a bandeira da luta. Avante, contra o jugo estrangeiro!

Nós vamos construer Na patria immortal A paz e o progresso! Nós vamos construer Na patria immortal A paz e o progresso! paz e o progresso! Ramos do mesmo tronco, Olhos na mesma luz: Esta é a força da nossa união! Cantem o mar e a terra A madrugada eo sol Que a nossa luta fecundou.

六　人口、民族、语言

截至 2017 年 7 月，几内亚比绍全国总人口为 1792338 人，人口增长率为 1.86%，全国出生率为 32.5‰，死亡率为 13.9‰，婴儿死亡率为 85.7‰，其中男婴死亡率为 95.1‰，女婴死亡率为 76‰。几比的人均预期寿命 51 岁，其中男性为 48.9 岁，女性为 53.1 岁（详见表 1 – 1、表 1 – 2）。[1]

表 1 – 1　年龄结构（2017 年）

年龄段	所占比率(%)	男性人数(人)	女性人数(人)
0 ~ 14 岁	39.03	349256	350327
15 ~ 24 岁	20.18	179389	182242
25 ~ 54 岁	32.77	292736	294526
55 ~ 64 岁	4.57	32156	49761
65 岁及以上	3.46	22574	39371

资料来源：CIA, "The World Factbook：Guinea-Bissau", https://www.cia.gov/library/publications/the – world – factbook/geos/pu. html。

---

[1]　CIA, "The World Factbook：Guinea-Bissau", https://www.cia.gov/library/publications/the – world – factbook/geos/pu. html.

表 1 - 2 性别比例结构 (2017 年)*

年龄段	男性	女性	年龄段	男性	女性
出生	1.01	1	55 ~ 64 岁	0.62	1
0 ~ 14 岁	1	1	65 岁及以上	0.6	1
15 ~ 24 岁	0.98	1	总人口	0.96	1
25 ~ 54 岁	0.99	1			

注：* CIA，"The World Factbook：Guinea-Bissau"，https：//www.cia.gov/library/publications/ the – world – factbook/geos/pu.html，2017 年 4 月 5 日。

资料来源：CIA， "The World Factbook：Guinea-Bissau"，https：//www.cia.gov/library/public ations/the – world – factbook/geos/pu.html。

几比总人口中非洲本地人占 99%，欧洲人和穆拉托人（mulatto，黑人和葡萄牙人的混血后裔）约占 1%。几比共有 27 个部族，其中北部和东北部的富拉族（Fula）占总人口的 28.5%；曼丁哥族（Mandinga）占总人口的 14.7%；住在南部海岸地区的巴兰特族（Balanta）占 22.5%；柏柏尔族（Papel）占 9.1%；居于中央和北部海岸地区的曼雅科族（Manjaca）与曼坎哈族（Mancanha）分别占 8.3% 和 3.1%，其他部族共占 13.8%。[①] 几比独立后，大多数葡萄牙殖民者迁出，因此目前几比的纯葡萄牙人属极少数。近年来，几比城市人口的增长保持了相对稳定的状态（见表 1 - 3）。受到传统等因素的影响，几比少女的生育率一直较高（见表 1 - 4）。

表 1 - 3 2011 ~ 2016 年几内亚比绍城市人口年增长率

单位：%

年份	2011	2012	2013	2014	2015	2016
增长率	4.4	4.4	4.4	4.3	4.2	4.1

资料来源：表格由作者根据世界银行 WB 数据库数据编制，http：//databank.shihang.org/ data/reports.aspx? source = 2&country = GNB。

---

① CIA， "The World Factbook：Guinea-Bissau"，https：//www.cia.gov/library/publications/the – world – factbook/geos/pu.html。

表 1 - 4　2011～2015 年几内亚比绍 15～19 岁女孩生育率

单位：‰

年份	2011	2012	2013	2014	2015
生育率	103.7	99.1	95.2	91.4	87.5

资料来源：表格由作者根据世界银行 WB 数据库数据编制，http：//databank. worldbank. org/data/reports. aspx？ source = 2&country = GNB。

几比在历史上曾是葡萄牙的殖民地，在政治、文化等各方面都受到葡萄牙的影响，因此几比的官方语言为葡萄牙语，但各个部族间通用克里奥尔语（Crioulo），这是一种葡萄牙语和当地土语的混合语。也使用其他非洲语言。

第二节　民俗与宗教

一　宗教

几内亚比绍约 45.1% 的人信奉伊斯兰教，其中主要是曼丁哥族和富拉族；22.1% 的人信奉基督教；14.9% 的人信奉拜物教，即原始宗教；15.9% 的人宗教信仰不确定；还有约 2% 的人没有宗教信仰。[1]

二　节日

几内亚比绍的节日不仅体现其民族宗教特点，也与它饱受苦难的历史有关。

1 月 1 日：新年元旦；

1 月 20 日：民族英雄纪念日——阿米卡尔·卡布拉尔（Amilcar Cabral）遇难日；

---

[1]　CIA, "The World Factbook：Guinea-Bissau", https：//www. cia. gov/library/publications/the - world - factbook/geos/pu. html.

1 月 23 日：自由战士日（又称民族武装斗争日）；

1 月 30 日：几内亚比绍妇女节——几内亚比绍民族女英雄蒂蒂纳·西拉牺牲日；

3 月 8 日：国际劳动妇女节；

伊斯兰教历 3 月 12 日：圣纪节；

5 月 1 日：国际劳动节；

5 月 25 日：非洲解放日；

8 月 3 日：比基吉迪烈士纪念日——1959 年 8 月 3 日，比绍港码头工人大罢工（Pidjiguiti dock srike），遭到葡萄牙殖民者血腥镇压；

9 月 12 日：阿·卡布拉尔诞辰日；

9 月 19 日：几内亚和佛得角非洲独立党（PAIGC）成立日；

9 月 24 日：国家独立日——纪念 1973 年 9 月 24 日成立几内亚比绍共和国；

伊斯兰教历 10 月 1 日：开斋节；

11 月 1 日：诸圣节；

11 月 2 日：万圣节；

11 月 14 日：调整运动纪念日；

11 月 16 日：建军节；

伊斯兰教历 12 月 10 日：宰牲节；

12 月 25 日：圣诞节；

几内亚比绍每周六、日为公休日。[①]

三　民俗

历史上，几内亚比绍的居民大部分信仰拜物教，即把某种自然的东西神化而拜之。各地所崇拜的东西各不相同。如几内亚比绍南部博卡村拜的是村边的一棵古树，村民们经常去此古树前祭拜，祈求消灾降福、五谷丰登。

---

① 中华人民共和国驻几内亚比绍大使馆经商参处：《几内亚比绍全国重要节日》，http://gw. mofcom. gov. cn/article/ddfg/201401/20140100466783. shtml。

几比部族中大多数属苏丹尼格罗人种。几比人的城市住房多以楼房为主，有个人公寓和职工楼，设备和生活条件都比较好。在农村，部族观念很强。一个村落基本上由一个部族组成，也有两个部族的，但不混住，以路或河划界，界限分明。有的农户由三四代直系或旁系亲属组成一个大家庭。有的大户周围用树枝围成"篱笆"，在"篱笆"内又分成若干小户。家庭组成形式以父亲为主，成员包括家长的妻室、子孙、家长的兄弟及其妻室、子孙和直、旁系的远亲。家长管理全家的社交、经济以及宗教等方面的事务，在家庭中拥有绝对权威。农村住房简陋，一般是土围墙、草屋顶。卧室、仓库和牛羊圈都在一间屋里。异族间一般不通婚，两个部族关系较好的，经部族长老同意可以通婚。有的部族有固定的婚日，如巴兰特族定在 5 ~ 6 月。法律规定一夫一妻制，实际上普遍实行一夫多妻制，一名男子可娶三四个妻子。妇女一般从事田间劳动，男子从事副业生产。丈夫去世后，妻子三个月之内不得改嫁，也不得与人同居，否则将被看作伤风败俗，被人讥讽。妻子有权继承丈夫的遗产，如若改嫁，则自动放弃继承权。男人不得打未婚女人。

在几比的传统文化中，妇女要想得到荣誉，被人尊敬，必须经过极其残忍和痛苦的割礼仪式。割礼手术在小女孩 5 岁时就开始了。对女孩施行割礼，是几内亚比绍的血腥传统，令人不寒而栗。很少有女孩能逃过，因为在许多地方，每个女孩的出生年月，都详细地记载在部落头人的花名册上，每年年底，部落都要清理一批已"适龄"的女孩，强制她们进行割礼。否则，这个女子将被认为是不受欢迎的人，不准给奶牛挤奶，不准从邻居家大门前走过，不准进入牲口棚，不准吃玉米，不准嫁人，等等。即使有人娶了她，她这一辈子也抬不起头来，不能大大方方地做人。如果说男子割礼还有一点医学根据的话，女子割礼就毫无道理可言了。因为割礼会导致她们分娩时必须再进行切割手术，同时会造成极高的死亡率。1980年，联合国儿童基金会已公开宣布废除割礼，但由于传统的意识，到目前为止，该国每年还有许多女孩被施行割礼手术。

几比人衣着简单。妇女习惯裸露上身，仅用一块花布围在腰间。他们称这块布为"撒依亚"。它看起来只是一条长筒裙，由 2 ~ 3 层花布束在一起，其实是多用布：出门围身，睡觉盖身，必要时，还可以解下来兜住背上的孩子。富拉族多为穆斯林，一律身着白大褂，在头部空处还烙有两道印记，是在出生时烙下的，据说这是宗教习惯。妇女的肚皮上还刻有花纹。曼丁哥族妇女的耳边留着两条两寸长的小细辫子。不少人还热衷于佩戴"护身符"。

几比人的主食是大米。在米饭上浇上棕榈油和鱼汤，便是一顿美味佳肴了。

几比人能歌善舞，民间乐器名为"巴拉风"。在村舍晚会上，男女老少纷纷起舞，额间、脖颈、手腕、脚腕和腰间佩戴的一串串珠子和铜铃互相撞击，发出清脆响亮的声音。妇女们扭动着灵活的腰身，舞姿极为优美。

几比人待人热情。在外交场合，与外国朋友见面时多行握手礼。他们对男士称先生，对女士称夫人或小姐。在其他方面则严守自己的教规。

第三节　特色资源

一　著名城市

（一）比绍

比绍是几内亚比绍的首都，是几比最大的城市、主要港口，也是几比行政、经济、军事、交通和文化中心。人口约43.1万（2013年），位于该国西部热巴河汇入大西洋的河口处，西经11°52′、北纬15°36′交会处，时区为零时区，比北京时间晚7小时。比绍属热带海洋性季风气候，全年高温，平均气温27℃。公元1446年，葡萄牙殖民者在占领了博拉马岛之后，以比绍为据点向内地扩张。葡萄牙人初来此地时，询问过路黑人："前面村庄叫什么名字？"这位巴兰特人用本部族语言答道："Bissau!"意思是："往前走！"他们误以为是地名，从此葡萄牙绘制的地图就以此为名，沿用至今。1687年，葡萄牙人将此建设为贸易据点，并扩展成奴隶贸易中心。1941年，取代博拉马成为葡属几内亚的首府。1973年几内亚比绍独立后，定此地为首都。比绍市内热带森林葱茏茂密，河流纵横，湖泊棋布。1987 年初，几比政府实行贸易自由化政策，允许私人经商，并把比绍市的国营百货商店和建材商店向私人出售，之后市场越来越活跃，街头摊贩日益增多，各式各样的商品琳琅满目，私人杂货店、饭店、洗衣店等各种服务性行业也相继出现，并陆续开设了多家外汇商店。总统府、国家机关、天主教堂、清真寺、外国公司总部、银行、邮局等设施也在这里。市郊多民族风格的圆顶茅草屋和低矮的清真寺，别有一番景色。比绍有榨油、碾米、锯木厂等小型工厂，出口花生、棕榈、棕榈油、木材、可可和椰子等。渔业资源丰富。市内有大学和研究所。比基吉迪港扩建后有冷冻设施，是全国最大的驳运港、渔港和对外贸易中心。港区锚地可停泊 7～8 艘万吨货轮，年货物吞吐量约 50 万吨。离城 8 千米处有大型国际机场——奥斯瓦尔多·维埃拉国际机场（Osvaldo Vieira International Airport），可供中小型飞机起降。每周有定期航班往返葡萄牙、塞内加尔、佛得角和摩洛哥。

（二）巴法塔

巴法塔是几内亚比绍共和国的缔造者阿米卡尔·卡布拉尔的故乡，是几比第二大城市，也是巴法塔省的首府，位于中部热巴河的东岸，西经 14°39′、北纬 12°10′。距离首都比绍 145 千米。巴法塔是该国两个天主教教区之一，天主教巴法塔教区（拉丁语：Dioecesis Bafatana；葡萄牙语：Diocese de Bafatá）直属教廷。巴法塔是全国农畜产品集散地和商业中心，有农产品加工、制造砖块等小型工业；这里也是全国公路枢纽，城内有机场设施，是热巴河航运的终点。居民约 36766 人（2013 年）。

（三）加布

加布是几比东部最大的城市，加布省的首府，位于西经 14°13′、北纬 12°17′，是与几内亚和塞内加尔进行贸易的中心。该城曾是古代卡布帝国（The Kaabu Empire）的中心，几内亚比绍独立之后，"加布"取代旧称"新拉梅戈"（Nova Lamego）成为该城名字。目前居民主要是信奉伊斯兰教的富拉尼人，居民约 39753 人（2013 年）。

（四）法林

法林是奥约省的首府，位于西经 15°13′、北纬 12°29′，在卡谢乌河上游，离卡谢乌市 135 千米。建城于 1641 年，1925 年发展成为一个商业中心，吸引从事花生和木材贸易的黎巴嫩和叙利亚商人涌入，其经济在 1960～1970 争取独立时严重受创。

二 名胜古迹

（一）比热戈斯群岛 （Arquipélago dos Bijagós）

该群岛系几内亚比绍沿岸岛群，距离首都比绍约 50 千米，在热巴河口外。葡萄牙人来到此群岛时，比热戈（Bissague）为此地的酋长，故将该群岛以其名命名。比热戈斯群岛总面积 2624 平方千米，由十几个主要岛屿组成，包括卡拉韦拉岛（Caravela）、卡拉谢岛（Carache）、福莫萨岛（Formosa）、乌诺岛（Uno）、奥兰古岛（Orango）、小奥兰古岛（Orangozinho）、布巴克岛（Bubaque）和罗沙岛（Roxa）等。比热戈斯群岛是联合国教科文组织确定的生物圈保护区之一，植被茂密，沙滩很多，主要经济作物为棕榈。每年 7 月到 11 月有大量海龟前来产卵，另外，岛上还有猴子和世界上唯一生活在咸水区域的河马，以及大量的鸟类和鱼类，这里还是钓鱼的重要场所。

（二）拉戈亚斯古法达自然保护区 （Lagoas de Cufada Natural Park）

该自然保护区建立于 2000 年 9 月，面积 890 平方千米，是几比第一个自然保护区，也是世界上重要的湿地之一。保护区位于南部省中部，靠近布巴城。保护区内有许多湖泊、森林，每年有大量欧洲游客来访。保护区是一个巨大的区域，其中，两块森林面积共计 37700 公顷，中间是 26000 公顷的热带草原区域，保护区陆地随着雨季科鲁巴尔河涨水而缩小，这也使得保护区内拥有丰富的水生植物资源。保护区内居民稀少，居民以传统捕鱼和水稻种植为生，保护区内有鳄鱼、河马、黑猩猩和野牛等野生动物，以及大量鸟类。

（三）香橙群岛国家公园 （Orango Islands National Park）

该国家公园建立于 2000 年 12 月 1 日，位于博拉马省布巴克市的中心地带，是几比最大的自然保护区和重要的旅游目的地。香橙群岛国家公园占地面积 27000 公顷，包括几比南部大部分群岛。香橙群岛国家公园的边界包括 10 千米的近海区，公园内有森林、沿海热带的稀树大草原、红树林、隧道和浅海海滩，其中，红树林占据了 17400 公顷的土地。棕榈树在浅海海滩上随风摇曳，使人心旷神怡，还可以看到大量聚集的海龟，这些珍贵的海龟在上岸后会在海滩上生蛋，因此会看到大量龟蛋点缀在沙土上。游客还能在这个闻名于世的公园里观赏到各种各样的鸟类，它们栖息于红树林之中，游客可以聆听到它们美妙的歌声，这里已经成为很多鸟儿的避难所。

（四）若昂拉德梅洛群岛国家海洋公园（Joao Vieira Poilao Islands Marine National Park）

海洋公园位于博拉马省，是几比仅有的两个国家公园之一，建立于 2000 年 8 月 1 日，因内有各种奇异的动物群和植物群而闻名，为几比的一个重要旅游目的地。若昂拉德梅洛群岛国家海洋公园包括东北部地区的四个小岛，占地面积 495 平方千米。这个自然保护区包括海洋和陆地两部分，野生动植物不计其数，尤以珍贵的海龟物种使其享有盛名。目前，若昂拉德梅洛群岛国家海洋公园有三种世界罕见的海龟品种，即绿蠵龟、玳瑁和榄蠵龟。这些海龟在海滩上找到了自己延续生命的方式，它们在美丽的沙滩上产蛋，这对于游客来说是一个很好的观赏机会。此外，这里还是90 多万只鸟儿的乐园，到了冬季，这些鸟儿聚居于此以躲避严寒。

（五）萨尔蒂纽瀑布（Saltinho）

当地人叫其为"Saltinho Waterfall"。"小瀑布"是当地中国人对这个景点的称呼。它距离比绍约 200 千米，开车约需三个小时。该瀑布在几内亚比绍最大河流科鲁巴尔河口的上游，向东绕过比绍附近巨大的河段，再向南，位于几比南部邻近几内亚共和国的边境附近。

三　建筑艺术

比绍市的建筑多为葡萄牙式的色彩鲜艳的尖顶楼房。葡萄牙统治时期修建的城堡和一座座炮台散布在市区。市内街面整洁，两旁住宅小巧别致，院墙色彩鲜艳，大门两边一般建有两个小小的花坛，栽种着凌霄花、美人蕉、夹竹桃之类的花木，使这个方圆不大的城市显得分外宁静和闲适。在热巴河入海口处的比基吉迪码头附近,有一尊造型为一只握紧的拳头的雕塑,它是为纪念 1959 年 8 月 3 日该码头工人大罢工而塑造的,纪念人民团结起来反对殖民主义压迫的历史。市区东南部是繁华的商业区,全市的大商店都集中在这里。

几内亚比绍总统府是原葡萄牙殖民时代遗留的总督府旧址,在 1998 ~1999 年内战中被严重损毁。经几比请求,由中国帮其修复。现在几比总统府的建筑已脱胎换骨,以更加豪迈的雄姿傲然屹立在几比首都英雄广场,这里既是几比总统及顾问团队日常工作的场所,也是几比不可多得的历史文化遗产和国家标志性建筑。几内亚比绍政府办公大楼的总建筑面积为 1.8 万平方米,占地面积近 4 万平方米,系中国对几比最大的经援项目之一,也是中国为几比援建的一大标志性建筑。几内亚比绍人民宫,总建筑面积为 6316 平方米,总用地面积 13768 平方米,是一项功能齐备、技术先进的现代化会议中心,建筑内外装修美观典雅,为几比国民议会提供了良好的工作场所,现已成为首都的一个景点。人民宫是几比独立后最大的工程项目之一,也是中国援建的,被誉为"中国 – 几内亚比绍友谊的象征"。"9·24"国家体育场(Estádio 24 de Setembro),始建于 20 世纪 80 年代,曾在内战期间被炸毁,于 2012 年 3 月开工修理,为时一年,现焕然一新。被修复的体育场功能增强,有视频监控系统、同声解说室,有座位看台、塑胶跑道、电子记分牌、带喷洒系统的天然草坪足球场等。体育场能容纳 1.5 万名观众,可满足国际田联和足联进行国际比赛的要求,大大促进了几内亚比绍国家体育运动的发展,为未来其承办洲际比赛奠定了基础。

第二章

历　史

几内亚比绍曾为非洲古国桑海帝国的一部分，1879 年沦为葡萄牙殖民地。经过长期艰苦的反抗殖民者的斗争，几内亚比绍于 1973 年 9 月 24 日独立。独立后，几内亚和佛得角非洲独立党（简称几佛独立党）（Partido Africano da Independência da Guiné e Cabo Verde-PAIGC）长期一党执政，1991 年改行多党制。

第一节　上古、中古、近代和现代简史

从古代至 15 世纪，同其他一些非洲国家一样，几内亚比绍还没有形成统一的国家。它曾是非洲古国桑海帝国的一部分，各民族在当时已经达到较高的社会发展水平。

1446 年，葡萄牙殖民者开始侵入博拉马岛。1471～1475 年，葡萄牙殖民者利用该地连绵不断的部族战争使奴隶贸易兴旺起来。他们以佛得角群岛为中转站和据点，把战俘及劫掠来的黑人作为奴隶贩卖至巴西等美洲大陆。据不完全统计，仅从几内亚比绍运往美洲的黑奴就达 100 多万人。16 世纪末，葡萄牙在佛得角设总督管辖佛得角和几内亚比绍沿海地区，也就是从那时起，为争取独立的共同斗争把几内亚比绍和佛得角联系在一起。16 世纪末 17 世纪初，荷兰、英国、法国和西班牙等国的商船队也相继来到几内亚比绍从事奴隶贸易，他们的到来动摇了葡萄牙殖民者对西非的垄断。葡萄牙殖民者于 1588 年在卡谢乌、1640 年在法林、1686 年在比绍建立了贸易商站。1836 年，佛得角成立了殖民政府，几内亚比绍

受该岛总督管辖。19世纪，英国提出对博拉马和比热戈斯群岛的领土要求，并于1858年占领了博拉马。1879年，葡萄牙当局把几内亚比绍从佛得角划出，派驻总督，定都博拉马，从此几内亚比绍正式沦为葡萄牙殖民地。

葡萄牙殖民者的野蛮统治激起了几内亚比绍人民的反抗。进入20世纪后，这一反抗斗争又有了新发展，各个部族均发动武装起义反抗侵略者。1908年，在博拉马爆发了一次持续9年、席卷全境的大规模起义。在这种情况下，葡萄牙当局于1913～1915年派特萨拉·平托（Teixeira Pinto）少校率军"绥靖"。在殖民军出发前，平托少校伪装成法国商人沿奥约河进入曼丁加人居住区，在奥约酋长以及一些探险家的帮助下摸清了起义地区的主要情况，然后以怀柔和武力镇压两种手段分别对几内亚比绍地区的巴兰塔、奥恩卡以及帕佩等族进行了4次清剿，摧毁了大批村庄，基本平息了几内亚比绍地区的反葡起义。平托少校的野蛮镇压甚至连殖民当局也感到过分，后来当局组织了一个委员会专门调查平托部队在"绥靖"过程中滥施屠杀的行为。

1920年、1932年、1939年几内亚比绍都爆发过抗击葡萄牙殖民主义者的武装暴动。1951年，葡萄牙当局把几内亚比绍定为"海外省"，派驻总督统治。1956年9月19日，阿米卡尔·卡布拉尔等人组建了几内亚和佛得角非洲独立党。自成立之日起，该党便采取了一系列旨在促使葡萄牙放弃殖民占领的和平请愿手段。

1959年8月3日，比基吉迪港的码头工人在几内亚和佛得角非洲独立党的领导下举行罢工，要求增加工资。这天清晨，当罢工者在港口西侧广场集会游行时，埋伏在四周建筑物内的殖民军开枪射击，50多人当场身亡，另有100余人受伤。惨案发生后，几内亚和佛得角非洲独立党认为，殖民当局已经堵塞了进行合法斗争的途径，武装斗争已成为争取民族解放的唯一手段。其他幻想通过请愿和合法斗争来争取独立的爱国团体和秘密社团也从这次大屠杀中吸取了教训，陆续投入到武装反抗殖民统治的行列中来。以后每年的8月3日就成为几内亚比绍的比基吉迪（Pidjiguiti dock srike）烈士纪念日。

1963 年 1 月 23 日，几内亚和佛得角非洲独立党领导游击队袭击蒂特市的殖民军，打响了武装斗争的第一枪，并在几内亚比绍南部地区领导了一系列武装起义，正式揭开了几内亚比绍人民武装反抗殖民统治的序幕。此后，武装斗争迅速在全境蔓延。1964 年，几内亚和佛得角非洲独立党决定成立人民革命武装部队。从该年 4 月开始，武装部队在南部地区发动了一场连续两个月的攻势，赶走了该地区的殖民军。到 1965 年，几内亚比绍约一半的地区获得解放。葡殖民当局大量增兵并动用空军力量，战局一度呈僵持状态。但自从引进先进的防空武器后，人民武装部队的战果迅速扩大，同时包括联合国在内的国际社会也一再谴责葡萄牙的野蛮镇压。到 1973 年，几内亚比绍武装部队已经控制了几内亚比绍约 2/3 的国土。1973 年 1 月 20 日，阿米卡尔·卡布拉尔遭到暗杀。同年 9 月 23 日，几内亚比绍第一届全国人民议会开幕；次日，大会宣布几内亚比绍共和国正式成立并颁布宪法，选举阿米卡尔·卡布拉尔的弟弟路易斯·卡布拉尔（Luis Cabral）为国务委员会主席，并将东南地区的博埃村作为几内亚比绍的临时首都。

第二节　当代史

一　路易斯·卡布拉尔执政时期（1973～1979 年）

几内亚比绍独立后很快得到了包括联合国在内的 80 多个国家和组织的承认。而葡萄牙在几内亚比绍的重大失败也加剧了葡萄牙国内的政治和经济危机。1974 年 4 月 25 日，葡萄牙发生军事政变，卡埃塔诺政权垮台，新政权决心通过和平手段来解决殖民地问题。自 5 月 25 日始，几内亚比绍和葡萄牙双方在伦敦开始谈判；6 月 13 日谈判移至阿尔及尔举行，双方就停火、自治、公民投票等问题进行了艰难的讨论。由于几内亚和佛得角非洲独立党坚持斗争，葡萄牙当局不得不答应几内亚比绍政府的独立要求。8 月 26 日，双方在阿尔及尔人民宫签署了联合声明，葡萄牙外长苏亚雷斯与几内亚和佛得角非洲独立党执委、几内亚比绍武装部队副部长佩德罗·皮雷斯分别代表本国签字。葡萄牙当局宣布自 9 月 10 日起在法律上承认几内亚比绍共和国，葡萄牙武装部队于 1974 年 10 月 31 日前全部撤出几内亚比绍共和国领土，双方将在外交、财政、文化、经济、技术以及其他多个方面进行合作。

几内亚比绍在几内亚和佛得角非洲独立党领导下成为一党制国家。几内亚和佛得角非洲独立党宣称其建立的共和国实行社会主义制度，在外交上遵循不结盟的原则，接受东方社会主义阵营的军事援助，也接受西方各国和阿拉伯国家的经济援助，并发展同葡萄牙的友好关系。殖民主义者给几内亚比绍人民留下的是一个烂摊子。独立初期，几比全国仅有十几家小型加工厂，工业产值只占国民生产总值的 0.5%；出口总额只等于进口总额的 8%。因连年战争，粮食不能自给，人均国民生产总值仅为 110 美元。几比政府为重建家园、发展民族经济和文化做出了不懈的努力，在经济和社会发展等方面均取得了一定成就。到 1979 年，几比的国民生产总值达到 1.4 亿美元，工业总产值约 900 万美元，人均国民收入提高到 170 美元，但仍未能摘掉"世界上最不发达国家"的帽子。

1980 年 11 月 4 日，总理诺奥·贝尔纳多·维埃拉（Joao Bernardo Vieira）在武装部队的支持下发动军事政变，推翻了路易斯·卡布拉尔政权，宣布成立革命委员会并接管一切权力，由维埃拉出任革命委员会主席。革命委员会声称，这次行动并不是政变，而是"调整运动"，即对路易斯·卡布拉尔的政策进行调整。

还在 1977 年 11 月，几内亚和佛得角非洲独立党第三次代表大会就确定该党为几比和佛得角两国共同的政党。但到 1978 年，两国各自成立了党的全国委员会。1980 年几比军事政变后不久，即 1981 年 1 月 20 日，几佛独立党佛得角全国委员会另立佛得角非洲独立党。从此，一党同时领导两国的状况宣告结束。同年 11 月，几比召开党的全国委员会第一次特别代表大会，决定沿用原名，并通过了新的党章和党纲。

路易斯·卡布拉尔执政时期是几比建国后探索自身发展的起步阶段，常年战争已使得几比国内满目疮痍，而路易斯·卡布拉尔在政治上排斥异己、独揽大权，在经济建设方面贪大求洋、脱离实际、轻视农业，加上连年的干旱，几比的经济局势急剧恶化，农业产出甚至已跌至独立前的水平，国营经济发展运转不理想等经济和社会问题严重，导致几比国内政治社会矛盾日益尖锐。

二 维埃拉首次执政时期（1980～1999 年）

（一）维埃拉的执政措施

1980 年维埃拉发动军事政变后，虽然大权在握，但领导层的大变更使得几内亚比绍处于一个政治大动乱时期。与动荡局面相伴随的则是几比经济的进一步恶化，这些都促使维埃拉不得不吸收一些过去的反对者进入政府，同时又任用了许多接受过葡式教育的公务员到政府各个部门去工作。

1982 年 5 月，维埃拉推迟了即将举行的选举，对内阁进行重组，原革命委员会副主席、外交部副部长维托·萨迪·马利亚（Vitor Saude Maria）被指定为新总理。权力之争随即在维埃拉和萨迪·马利亚之间展开。最终，萨迪·马利亚不得不到葡萄牙大使馆寻求庇护，其政治同僚被几内亚和佛得角非洲独立党开除了党籍。

1984 年几比新一届全国人民议会成立后，同年 5 月 17 日几比新宪法出台，这是几比的第二部宪法（第一部宪法颁布于 1973 年 9 月 24 日）。新宪法规定几比是民主、世俗、统一的反帝反殖的主权共和国；目标是建立没有人剥削人的社会；全国人民议会是国家最高权力机关，在几内亚和佛得角非洲独立党的领导下行使立法权，组织并监督执行党的方针、路线、政策；国务委员会主席为国家元首、政府首脑和武装部队最高统帅。随着新宪法的出台，几比政府又进行了改组，从而使维埃拉更加巩固了自己的政治地位。他不仅是几比的国家元首、政府首脑、武装部队最高统帅，而且是几内亚和佛得角非洲独立党的总书记。

1985 年 11 月，几比第一副总统科尔·保罗·科雷亚（Col Paulo Correia）和一些高级军官由于涉嫌策划军事政变而被捕。1986 年 7 月，其中 6 人因涉嫌参与这场阴谋政变而被起诉，并最终死于狱中；不久，又有 12 人因此被判处死刑，41 人被判劳役。科雷亚与其他 5 人被处决。另有 6 人被判死刑，只是由于国际社会的压力，几比政府才不得不对他们重新从轻判刑。

20世纪80年代中后期，几比政府加快了经济自由化的步伐。1986年8月，几比政府取消了贸易限制，允许私人公司开展进出口业务。在同年11月举行的第四次几内亚和佛得角非洲独立党的代表大会上，维埃拉提出了更长远的计划和目标，即减少国家对贸易和经济的控制，同时加强引进外资。1987年4月，几比政府在国际货币基金组织和世界银行的支持下制订了结构调整的三年方案，实行经济改革以深化经济自由化。改革的主要措施有紧缩政府开支、减少财政赤字、减少政府对经济的干预、推行国有企业合理化、鼓励出口、鼓励发展私人企业等。然而，政府投资计划的调整导致几内亚比索①贬值41%，国内的政治局势趋于紧张。这期间又有20名军官因涉嫌阴谋推翻总统而被捕。几比实行的结构调整虽非一帆风顺，但几比的经济状况还是有了一定的改善。1989年，几比经济增长率达到6%，预算赤字也被控制在国民生产总值的12%以内。

1989年上半年，几内亚和佛得角非洲独立党组建了一个由6人组成的修宪委员会。同年6月初，几比地方选举开始，所有的候选人都由几内亚和佛得角非洲独立党提名。6月中旬，473名议员选举产生了该届政府班子。维埃拉仍被选为国务委员会主席兼政府首脑，开始了他的第二个5年执政期。1990年1月，维埃拉宣布组成两个委员会分别对几内亚和佛得角非洲独立党的路线、章程和土地所有者法律进行审查，以此作为实行政治民主化的步骤，并为同年11月召开的第五次几内亚和佛得角非洲独立党代表大会做准备。

（二）多党兴起

1990年4月，一个总部设在里斯本的流亡组织——"几内亚比绍抵抗运动—巴法塔运动"（简称抵运，RGB-MB）要求在下届总统大选中应有两个或更多的候选人参选。6月，另一个境外反对党——"几内亚国家独立解放阵线"（FLING）号召立即召开一次所有政党参加的大会，并要

---

① 1997年3月，几内亚比绍加入西非经济货币联盟；5月，原货币比索开始兑换西非法郎；7月底，比索作废。

求未来人民议会的议员应由全国人民投票产生。

在此压力下，1991 年 1 月 21 日，几内亚和佛得角非洲独立党举行第二次特别代表大会，决定深化民主、开放多党政治。会上，维埃拉坚决表示多党制选举会在 1993 年的总统大选时进行；在向多党制过渡的时期内，几比军队脱离几内亚和佛得角非洲独立党领导，而几内亚和佛得角非洲独立党也不再是几比社会的政治领导力量。

1991 年 5 月，几比全国人民议会特别会议对宪法进行了修改，通过了建立多党制的决定，从而正式终结了几比一党制的历史，并终止了几内亚和佛得角非洲独立党作为执政党的地位。同时政府公布了新的政党注册法，降低了政党成立的门槛。新宪法确立后不久，几比就涌现出了大量的反对党，1990 年秘密成立的、由拉斐尔·巴博萨（Rafael Barbosa）领导的民主社会阵线（FDS）在 1991 年中期，分解成由亚里斯泰兹·门内斯（Aristides Menezes）领导的民主阵线（FD）和由萨迪·马利亚领导的团结社会民主党（PUSD）。1991 年 11 月，民主阵线成为第一个由几比最高法院承认其合法性的政党，从而真正终结了几比 17 年一党政治的历史。

1991 年 12 月至 1992 年 1 月，又有三个反对党登记注册："几内亚比绍抵抗运动—巴法塔运动"，由多明戈·费·戈梅斯（Domingos Femandes Gomes）领导；民主社会阵线；团结社会民主党（PUSD）。1992 年 1 月，民主社会阵线再次分裂，原民主社会阵线副主席昆巴·亚拉创建了"社会革新党"，简称社革党（PRS）。1 月底，四个反对党：抵运、民主社会阵线、团结社会民主党和由维托·曼丁哥（Vitor Mandinga）领导的民主团结党（PCD）同意设立一个"民主论坛"，以便于各党派的协商。他们要求政府解散警察，并不再利用国家资源以达到自身的政治目的；还要求对新闻法进行修正，倡导新闻自由；另外，他们要求成立选举委员会并在各反对党协商之后公布大选日程。

1992 年 3 月，大约 30000 名群众在比绍举行了一次示威运动，这是首次在政府允许下进行的示威运动。不久之后，几内亚和佛得角非洲独立党宣布几比总统大选与议会选举将分别于 1992 年的 11 月和 12 月举行，

并选举曼努埃尔·塞特尼诺·达科斯塔（Manuel Saturnino da Costa）为新的党中央委员会的常务秘书，以取代自 1987 年起任该职务的瓦斯科·卡布拉尔（Vasco Cabral）。1992 年 5 月，根据新的政党注册法，几内亚国家独立解放阵线成为合法政党。同时，一个名叫"121 派"（Group of 121）的持不同政见派别，从几内亚和佛得角非洲独立党中脱离出来并创建了一个新的政党——民主变革党（PRD），由原路易斯·卡布拉尔时期的卫生部部长若昂·达科斯塔（Joao da Costa）领导。民主变革党号召在民主选举到来之前成立一个过渡政府，并要求解散警察。5 月中旬，流亡葡萄牙达 6 年之久的多明戈·费·戈梅斯返回几比。不久，他与民主阵线（FD）、民主团结党（PCD）、民主社会阵线（FDS）、团结社会民主党（PUSD）的领导人一起同维埃拉举行会谈，商讨几比的政治改革计划，决定成立一个全国委员会以监督、促进即将举行的大选组织筹备工作。

1992 年 7 月，几内亚国家独立解放阵线的创始人和领导者弗朗科斯·坎库拉·门迪（Francois Kankoila Mendy），在经历了 40 年的流亡生活后重返几比。8 月，为了响应反对党提出的建立全国委员会以监督多党制民主政体转型的要求，维埃拉宣布成立"多党转型委员会"（Multi-Party Transition Commission），该委员会将为选举做好准备工作。所有的合法政党都向这个委员会派出了自己的代表，但是一个新近才被官方承认、由阿明·米歇尔·萨阿德（Amine Michel Saad）领导的进步民主党（PDP）对该委员会进行了抵制，他们声称这个委员会的工作会受到几内亚和佛得角非洲独立党的干扰和影响。1992 年下半年，又有几个政党获得了合法地位：民主变革党（PRD），社会革新党（PRS），和由前教育部部长菲林托·瓦兹·马丁斯（Filinto Vaz Martins）领导的联合民主运动（MUDE）。11 月，几比政府宣布原定于该月举行的总统大选和议会选举推迟到 1993 年 3 月举行。选举延期的原因是对总统大选和议会选举哪个应该先举行产生了不同意见。与政府意见相反，反对党都坚持议会选举应该在总统选举之前进行。

1993 年 2 月，几比全国人民议会通过决议，从立法上促进几比向多元民主政体的转变。3月，一个由4人组成的委员会被任命负责监督即将举行的大选。7月，维埃拉宣布总统大选与议会多党选举将同时于1994年3月27日举行。

（三）多党选举

在1994年3月27日大选前一个星期，维埃拉宣布由于财政困难、选举登记过程延迟、各地选举委员会的职能不完善等，选举再次延期，改在7月3日举行。5月初，民主阵线、民主社会阵线、联合民主运动、进步民主党、民主变革党和保护生态组织六个反对党组成了一个选举联盟——变革联盟（UM）。不久，几内亚国家独立解放阵线、社会革新党、团结社会民主党、抵运和几内亚公民阵线（FCG）五个反对党宣布成立一个非正式同盟，这五个政党都推出了自己的候选人。

1994年7月3日，几比大选开始，共有8名候选人竞选总统，1136名候选人竞选议会的100个席位。几内亚和佛得角非洲独立党以获得议会62个席位在全国人民议会选举中胜出。在总统选举中，维埃拉获得46.3%的选票，紧随其后的是社会革新党候选人昆巴·亚拉，获得21.9%的选票。由于这两人的得票数都没有达到绝对多数，所以第二轮总统竞选定在8月7日进行。尽管亚拉得到了所有反对党的支持，但是最终在第二轮选举中仍以48%的得票，即4个百分点的微弱劣势败于得票52%的维埃拉。亚拉对选举结果提出了质疑，他指责几内亚和佛得角非洲独立党在大选中有欺骗行为，还称国家安全人员对反对派支持者进行搜查、恐吓。然而亚拉的这些指控均被否认。维埃拉于1994年9月29日宣誓就任总统，并在10月底任命曼努埃尔·塞特尼诺·达科斯塔为总理，各部部长都来自几内亚和佛得角非洲独立党。

（四）大选之后的政治

1996年5月，在各反对党要求下议会投票要求政府辞职，原因是政府没有能力解决国家一系列的社会经济问题。11月初，全国人民议会否决了政府制订的加入"西非经济与货币联盟"（UEMOA）的计划，议会经济财政委员的报告认为，几比加入"西非经济与货币联盟"将是非洲葡语国家加入法语国家经济联盟的第一个国家，在加入之前，应当有两年的过渡期。但是，到了 11 月底，议会在维埃拉的坚持下，决定修改宪法，这使得在次年的 4 月 17 日几内亚比绍就成为西非法郎区的一员，西非中央银行（BCEAO）取代了几内亚比绍国家银行发行货币的职能，西非法郎代替了通行的比索。

1997 年 5 月，总理达科斯塔被免职；6 月，卡洛斯·科雷亚（Carlos Correia）被任命为新总理。8 月，几内亚比绍全国商会（UNTG）组织了一场为期四天的大罢工，要求政府提高国民的收入以达到西非法郎区内其他国家国民的收入水平。在大罢工中，商会称几比加入西非法郎区加剧了国内的通货膨胀，而同时政府又没有及时采取相应措施来抵消通货膨胀所带来的负面影响和提高人民的生活水平。政府不得不同意从 1998 年 1 月开始将工资收入上浮 50%。1997 年 10 月 11 日，总理卡洛斯·科雷亚被免职。随后，在与各政党领导人协商之后，卡洛斯·科雷亚取得了各反对党的支持，维埃拉不得不于 10 月 13 日重新任命他为总理。

1998 年 3 月，由于反对党反对延迟议会选举，一个独立的全国选举委员会随即成立，而选举也定于将在 1998 年 7 月举行。4 月，一个由前内政部部长阿布巴卡·巴尔德领导的新政党——民主与进步全国联盟（UNDP）成立。5 月，几内亚和佛得角非洲独立党第六次党代会召开，维埃拉再次当选为党主席。

（五）1998 年政变

1998 年 6 月，几比军队前总参谋长安苏马内·马内率兵发动叛乱，他在一份声明中宣称成立以他为首的"巩固民主、和平和正义军事委员会"（简称军委会），要求维埃拉总统和政府辞职，同时他准备建立一个过渡政府，随后举行"自由和高度透明"的大选，并要求外国军队不要干预此次兵变。

这次叛乱有着深刻的社会背景。维埃拉总统于 1994 年 8 月 20 日连任总统后，决心整顿国家经济，其重要措施是几比加入西非法郎区，以便借助西非法郎区各国的力量及其坚挺的货币来促进几比的经济发展。但是几比使用西非法郎后，其国民原本很低的购买力大受损伤：军官的月工资才

1.5 万西非法郎（合150法国法郎），部长的月工资为6万西非法郎，而参加过独立解放战争的老战士的养老金每个月仅有1500西非法郎，从而招致广大居民，尤其是军人老战士的强烈不满。

引发这次叛乱的直接原因是：安苏马内·马内因涉嫌私下向塞内加尔南方的卡萨芒斯反叛武装贩运军火而被维埃拉总统免去其军队总参谋长的职务，导致了军人的反感。在几比的独立解放战争中，马内和维埃拉是并肩战斗的战友，两人交往已达30多年，马内却因数千美元的走私案被革职，而国内涉及数百万美元的贪污大案却没有人去认真查处，因而，马内的处境得到了军人的普遍同情，在他振臂高呼揭竿而起时，几比90%的军人欣然响应。同时，几比的一些反对党也对这场兵变或公开或私下表示支持，从而增加了几比政坛的复杂局面。

战乱中，以马内为首的叛军与忠于维埃拉总统的军队展开了激战，双方动用了迫击炮等重型武器，叛军几乎控制了国家的武器库，并占领了博拉兵营、比绍国际机场、广播电视台等战略要地。首都比绍市内的一些外国使馆也在战火中遭到破坏。无情的战火不仅使国家财产和基础设施遭到了巨大破坏，而且还造成大量无辜平民丧生，有超过3000名外国人乘船疏散到塞内加尔，数十万几比人为躲避战火逃离家园沦为难民。

国际社会对几比此次战乱普遍持谴责态度。非统组织首脑会议对兵变予以强烈谴责；持同样立场的联合国安理会要求几比尽快恢复宪法秩序；西非国家经济共同体明确表示支持维埃拉政府；西非防止冲突和民主过渡观察团也发表公报，谴责一切企图使用暴力破坏几比正常宪法秩序的行径。由于这场内战对该地区稳定造成了严重威胁，几比北、南两个邻国塞内加尔和几内亚共和国应几比政府的要求，迅速出动2000多名军人前往几比首都比绍，帮助维埃拉总统恢复宪法秩序，但是两国军队的干预未能奏效，相反，反政府武装在军事上越来越占上风。到10月底，反政府武装已控制了全国近80%的领土。

在西非国家经济共同体和葡语国家共同体两个国际组织的联合斡旋下，交战双方于1998年8月26日在佛得角首都普拉亚正式签署了停火协定。由于双方在外国军队撤军和建立民族团结政府等问题上存在严重分

歧，导致 10 月内战再度爆发。反政府武装在 10 月 18 日至 21 日短短的四天时间内，占领了包括几比第二大城市巴法塔在内的东部大部分地区，从而使局势进一步恶化。

10 月 27 日，尼日利亚国家元首阿布巴卡尔将军、冈比亚总统雅亚·贾梅以及葡萄牙、法国等国驻几比大使敦促维埃拉总统和反政府武装领导人举行直接谈判，以便尽快结束内战。在有关各方的努力下，几比交战双方终于在外国军队撤军和部署西非维和部队等问题上达成了一致，11 月 1 日深夜正式签署了结束长达五个月内战的《阿布贾和平协定》（Abuja accord）。该协定的主要内容是：重申并延长双方 8 月 26 日在佛得角首都签署的停火协议；塞内加尔和几内亚撤出在几比的军队，与此同时在几比境内与塞内加尔交界处部署西非国家经济共同体的维和部队，开辟安全走廊；立即开放所有海陆空港口，以便国际社会运送人道主义援助物资；自 11 月 2 日起 10 天之内组成包括反政府武装领导成员在内的全国团结政府；在西非国家经济共同体、葡语国家共同体以及国际社会的监督下，最迟在 1999 年 3 月底前举行总统大选和议会选举。12 月 3 日，弗朗西斯科·法杜勒（Francisco Fadul）被任命为总理；12 月底，维埃拉和马内在关于两派部长职位的分配问题上达成了协定。同时，由 100 名军人组成的西非国家经济共同体维和部队于月底抵达几比。

然而，1999 年 1 月底，首都比绍再起冲突，2 月 9 日，几比政府与叛军再次达成停火协议。2 月 20 日，新的全国团结政府成立。按照《阿布贾和平协定》，叛军和忠于总统的政府军于 3 月初开始各自解除武装。从 2 月 28 日至 3 月 16 日，塞内加尔和几内亚两国军队完成从几比的撤军。4 月，几比议会发表声明宣称免除对马内涉嫌向卡萨芒斯反叛武装贩卖军火的指控。

（六）过渡政府

1999 年 5 月初，维埃拉宣布几比总统大选和议会选举将于 12 月 28 日举行。但是，5 月 7 日军委会终于以武力推翻了维埃拉总统。此前一天，战斗在比绍打响，军委会武装占领了比绍机场的军火库，自 3 月解除武装以来的各种武器被存放于该军火库中。叛军声称他们之所以再次展开军事行动是因为维埃拉拒绝命令他的总统卫队解除武装，因此，叛军包围了总统府迫使其投降。随后，维埃拉逃往葡萄牙大使馆寻求庇护，并于5月10日签署命令宣布无条件投降。几比人民议会议长马拉姆·巴卡伊·萨尼亚（Malam Bacai Sanhá）代理行使总统权力直到举行总统大选。5月，几内亚和佛得角非洲独立党高层开会，推选出曼努埃尔·塞特尼诺·达科斯塔为党的新主席以取代维埃拉。5月底，政府、军方和政党之间召开的三方会谈决定起诉维埃拉，罪名是参与了向卡萨芒斯反叛武装贩运军火和执政不当致使几比政治、经济危机频频发生。维埃拉接受了对他的指控，但他要求因健康原因出国就医，以后再返回几比受审。西非国家经济共同体部长级会议于5月在多哥举行，会议谴责了几比发生的叛乱，并支持维埃拉出国就医；同时会议决定撤出西非国家经济共同体的维和部队。同月，维埃拉被允许离开几比前往法国就医，萨尼亚称这样做完全是出于人道主义原因。同时，萨尼亚还宣布几比的总统大选和议会选举将于11月28日举行。7月，几比宪法修正案通过，该法案规定：几比实行半总统制，几比总统只能连任两届，废止死刑，几比的主要领导职务必须由几比本土居民担任。9月，几内亚和佛得角非洲独立党召开特别会议，开除维埃拉党籍，同时被开除出党的还有前总理卡洛斯·科雷亚和他任期内的5名部长；在职的国防与祖国自由战士部部长弗朗西斯科·贝南特（Francisco Bernante）被推选为党的主席。9～10月，几比相继发现了两处埋有14人和22人的乱葬坑，人们认为这都是在维埃拉执政时期被处死的。10月底，几比总检察长阿明·米歇尔·萨阿德宣称他已经掌握足够的证据可以对维埃拉提起公诉，指控他犯了反人类罪，同时希望能将维埃拉从葡萄牙引渡回国受审。

在维埃拉首次执政前期，即在整个20世纪80年代，几比呈现出较为稳定的政治局面。但是随着冷战的结束，在西方要求政治民主化的压力下，几比经历了从一党制向多党制的转型。然而，多党制在给几比带来一定程度民主的同时，也带来了动荡与政变。经济的极度落后与执政当局经济政策的频频失误也成为这一时期几比政治发展中的最大障碍。

三 昆巴·亚拉执政时期（2000～2003 年）

1999 年 11 月 28 日，几比举行总统大选和议会选举。但是，在首轮总统选举中没有一位总统候选人的得票数超过总票数的 50%。2000 年 1 月 16 日，几比第二轮总统选举开始，社会革新党的昆巴·亚拉获得了 72% 的选票，几内亚和佛得角非洲独立党的马拉姆·巴卡伊·萨尼亚获得了 28% 的选票。亚拉于 2 月 17 日宣誓就任总统。随后，亚拉任命卡埃塔诺·恩查马（Caetano N'Tchama）为总理并组成以社会革新党、抵运两党为主，多党参政的联合政府。国际观察家评论这次大选是"自由与公正的"。4 月，费尔南多·科雷亚（Fernando Correia）被任命为新的国防部部长。5 月，有报道称由于以马内为首的军人继续干政，几比局势再度紧张。同时，有消息说，海军总司令拉明·萨哥纳（Lamine Sagna）接受贿赂并允许一艘韩国渔船进入几比海域非法捕鱼，为此他被亚拉总统免除了职务，但是他拒绝放弃权力，从而加剧了几比的紧张局势。在亚拉与军方进一步协商后，萨哥纳同意辞去其职务。同月，一个新政党——几内亚比绍社会联盟（ASG）宣告成立，其领导人是几比前人权委员会主席费尔南多·戈梅斯（Fernando Gomes）。11 月，马内扬言要对政府动武，战事一触即发，但最终多数将领对马内倒戈，支持亚拉政权，马内被击毙。

2001 年 1 月 23 日，亚拉总统因未与抵运协商即宣布改组政府，抵运党籍的政府成员集体辞职。之后两党谈判未果，抵运遂宣布成为反对党，使执政联盟破裂。亚拉总统于 1 月 25 日再次改组政府，撤换抵运党籍的政府成员。3 月 19 日，亚拉总统任命福斯蒂诺·法杜特·因巴利为政府总理，组成新政府。12 月 3 日，几比内政部在首都比绍发表公报宣布，该国刚刚挫败了一起企图推翻总统昆巴·亚拉的军事政变。12 月 8 日，亚拉总统任命阿拉马拉·尼亚塞为总理，接替 7 日被解职的福斯蒂诺·法杜特·因巴利。3 月刚出任总理的因巴利由于未能使几内亚比绍摆脱经济和社会危机，引起议会及几内亚比绍民众的强烈不满而被解职。尼亚塞在被任命为总理后表示，新政府将致力于振兴经济、摆脱社会危机。尼亚塞被任命为新总理后，该国反对党普遍表示将与新政府展开对话，以解决国家当前面临的紧迫问题。

2002年6月11日，亚拉总统在会见外国使节、军队高层官员以及各社会团体负责人时透露，几比政府于上个月挫败了一起兵变阴谋，有6名涉嫌人员被捕。这起兵变是活动在几比和冈比亚境内的一些"地下武装"所为。他还同时宣布，本着民族和解的精神，他将对169名涉嫌参与2001年12月兵变的人员实行大赦。11月15日，几比总统府发表公报说，由于当前局势不利于国家稳定和发展并为防止议员进行颠覆和背叛国家的活动，因此根据"宪法赋予的权力"，亚拉总统决定从即日起解散议会，并"在未来90天内重新组织议会选举"。随着议会的解散，以阿拉马拉·尼亚塞为总理的几比政府也同时解散。尼亚塞和亚拉虽然都是几比执政党社会革新党的要员，但两人在治国策略上存在的矛盾自当年8月起便已公开化。11月16日，亚拉总统任命马里奥·皮雷斯为看守政府总理，并于18日组成看守政府。此后，亚拉总统数次对政府进行调整。

几比政局动荡加剧，社会治安也随之恶化，经济衰退日益加重。2003年3月17日，几比全国工会宣布举行为期一周的全国总罢工，抗议政府拖欠工资。原定于4月20日举行的议会选举，因缺少经费，只能延期举行。9月1日，几比全国工会再次决定举行为期一周的全国总罢工。首都比绍市全面停电、停水，医院停诊，学校停课，罢工对市民生活产生了严重影响。

亚拉上台后并未改善国内的政治生态环境，执政者缺乏执政经验和能力加剧了几比政局动荡。亚拉任期三年内连续更换了四届总理，这种猜忌异己、官员调动频繁的做法导致政局不稳，政府各部门陷入瘫痪。与此同时，面对国内经济落后、人民穷困不堪的局面，执政者不是想办法解决实际问题而是醉心于党派与利益之争，很少顾及广大人民的利益，这更加激化了国内矛盾，使各阶层和派别的对立与争斗加剧，国内两极分化严重，经济发展每况愈下。

四 政权的频繁更迭期（2003～2017年）

（一）塞亚布拉军事政变

2003年9月14日凌晨，时任几比武装部队总参谋长的韦里西莫·科

雷亚·塞亚布拉（Verissimo Correia Seabra）领导军队发动军事政变，逮捕了总统昆巴·亚拉和总理马里奥·皮雷斯。政变军人宣布成立"恢复宪法和民主秩序军事委员会"（简称军委会），接管国家权力，塞亚布拉自任军委会主席，并宣布自即日起临时行使总统权力，同时承诺组织一个过渡政府和在条件成熟时组织大选。军委会指责皮雷斯政府没能及时控制连续不断的罢工和动荡的社会局势，而亚拉应对国家的无序状态和体制的混乱负责。军委会将成立一个过渡政府管理国家，直到条件成熟后再举行全国大选。这个过渡政府将由在 2002 年 11 月被昆巴·亚拉总统解散的议会中占有席位的各个政党组成。

政变发生之后，国际社会纷纷发表声明谴责这次政变，并要求释放亚拉总统。无论是联合国、非洲联盟、西共体，还是几比的前宗主国葡萄牙，在发表的谴责政变的声明里，都提醒不要诉诸武力，要求立即恢复宪法秩序。2003 年 9 月 14 日，联合国秘书长安南发表声明，对几比当天发生的军事政变表示谴责，呼吁尽快恢复该国的宪法秩序，并要求有关各方避免流血冲突，尽一切努力确保所有民众的安全。15 日，一个由西共体执行秘书钱巴斯率领的西共体外交部长代表团到达比绍进行斡旋，但政变当局拒绝了西共体代表要求释放亚拉并让其重新执政的要求。

9 月 16 日，塞亚布拉在军委会同各政党、民间团体和司法部门等各界代表举行的会议上表示，军人没有任何把持权力的企图，而是要扭转混乱的、难以容忍的局势。他强调，如果军人们打算长期把持政权，就不会召集各界人士研究过渡的问题。当晚，亚拉在与西共体 6 国官员的会谈中签署了一项正式辞职的协议。9 月 17 日上午，亚拉通过电视发表了一篇包含 9 点内容的声明，宣布他决定"以团结的名义"辞去总统的职务，他号召全体国民遵守"纪律"，以便新政府能够实现"团结和国家复兴"；并表示他会接受一个由一位杰出的几比人领导的文职人员组成的全国团结政府。他还强调，几比的军人应该脱离政治，回到自己的军营中；他还呼吁要尽早举行议会选举和总统选举。西共体国家代表参加了该辞职仪式。同时，军委会在首都比绍指出，当日已经辞职的前总统昆巴·亚拉享有自由，也可以重新从事政治活动。

9月18日，担任西非国家经济共同体主席的加纳总统库福尔与塞内加尔总统瓦德和尼日利亚总统奥巴桑乔抵达比绍。随后，他们会见了军委会的成员。在与政变军人举行了长达三个小时的会晤后，库福尔宣布，政变军人同意建立一个全国过渡委员会。这个委员会除了主席由武装部队总参谋长塞亚布拉担任外，其他成员均由文职人员担任。全国过渡委员会行使权力两年，此后举行全国大选。经过国际社会斡旋，塞亚布拉于9月21日同意将临时总统的职务交给文职人员担任。9月23日，政变军方宣布任命企业家、无党派人士恩里克·罗萨为几比过渡总统，任命前内政部部长、社会革新党总书记阿图尔·萨尼亚为过渡政府总理。28日，军委会与各政党和社会团体签署具有临时宪法性质的《政治过渡宪章》，成立由塞亚布拉任主席的全国过渡委员会，确定六个月内举行议会选举，之后一年内举行总统选举。10月3日，萨尼亚出任总理并组成了由11个部长和5名国务秘书在内的几内亚比绍过渡政府。

2004年3月28日，几比举行议会选举。几内亚和佛得角非洲独立党获102个议席中的45席，原执政党社会革新党获35席，团结社会民主党获17席。5月9日，罗萨总统任命几内亚和佛得角非洲独立党主席卡洛斯·戈梅斯为总理。12日，戈梅斯组成几内亚和佛得角非洲独立党政府。10月6日凌晨，部分曾参加联合国利比里亚维和行动的士兵在首都比绍发动哗变，要求发放拖欠的维和津贴以及其他薪饷，并杀害了塞亚布拉。在葡语国家共同体和西非国家经济共同体斡旋下，几比政府与哗变军人于10月10日签署谅解备忘录，政府做出发放欠饷和津贴、提高军人待遇等承诺，哗变军人同意返回军营。

（二）维埃拉再次执政

几比于2005年6~7月举行了总统选举。经几比最高法院批准，几比前领导人维埃拉作为独立候选人也参加了6月19日举行的总统大选。几比全国选举委员会公布的第一轮总统大选的正式结果为执政的几内亚和佛得角非洲独立党候选人萨尼亚和独立候选人、前总统维埃拉得票排在前两位，社会革新党候选人、前总统亚拉位居第三。根据几比选举法，得票最多的前两位候选人在第一轮选举的正式结果公布21天后进入第二轮角逐。

7月28日，几比全国选举委员会公布的第二轮总统选举结果，维埃拉赢得55.25%的选票，超过萨尼亚获得的44.75%的选票，从而赢得了大选。10月1日，维埃拉宣誓就任新一届总统，并于11月2日任命阿里斯蒂德斯·戈梅斯（Aristides Gomes）为总理。11月9日，戈梅斯组成几内亚和佛得角非洲独立党、社会革新党等多党联合执政的政府。

（三）萨尼亚执政

2009年3月2日，维埃拉总统遇袭身亡。根据几比宪法规定，国民议会议长雷蒙多·佩雷拉（Raimundo Perreira）在新总统选举前担任临时总统，总统选举在两个月内举行。但由于选举资金问题，几比第一轮总统选举延期至6月28日举行，参选的11位候选人均未获得半数以上选票。7月26日，几比举行第二轮总统选举。7月29日，几比全国选举委员会宣布，执政的几内亚和佛得角非洲独立党候选人马拉姆·巴卡伊·萨尼亚在第二轮总统选举中获得63.52%的有效选票，赢得大选。9月8日，萨尼亚在首都比绍宣誓就任该国第4任总统，佩雷拉继续担任议长。萨尼亚在就职仪式上表示，他将与政府共同致力于保障国家的和平与稳定，整改军队和重振经济，以结束几比长期动乱的局面，让人民过上安定的生活。他还宣布于10月大幅改组政府。

2010年4月1日，几比军队副总参谋长安东尼奥·因贾伊（Antonio Ndjai）发动政变，总理卡洛斯·戈梅斯（Carlos Gomes）、军队总参谋长萨莫拉·因杜塔和内政部部长等人被政变军人劫持至首都比绍的一座军营，因贾伊宣布自己接替因杜塔的职位出任军队总参谋长。得知戈梅斯被扣押的消息后，比绍数百名民众涌上街头，聚集在总理府前，抗议政变军人的行为。被短暂扣押三小时后，戈梅斯等人被释放，经萨尼亚总统调解，几比军方于4月2日表示此事纯属军队内部事件，军方服从国家政治机关的领导。同日，戈梅斯总理复职。当政变发生后，国际社会对几比局势普遍表示关注和担忧，联合国、西非国家经济共同体和非盟等国际组织敦促几比尽快恢复宪法秩序。

2011年12月26日，一股叛变部队攻入首都比绍的武装部队大楼，朝天鸣枪接近半小时，并抢走武器。戈梅斯总理进入宅邸对面的安哥拉使馆躲避。武装部队总参谋长安东尼奥·因贾伊稍晚表示，小部分士兵政变未遂，局势已被军方和政府控制。军方发言人说，海军参谋长若泽·阿梅里科·布博·纳·楚托（Jose Americo Bubo Na Tchuto）是政变策划者，已被逮捕。楚托涉嫌于 2008 年发动政变未遂，逃至冈比亚，后乘船秘密回国进入联合国驻几比代表处内，直到 2010 年 4 月哗变时一伙军人把他接走。2011 年 5 月，几比一家军事法庭撤销对楚托先前的指控，他随后获任海军参谋长。2012 年 1 月 9 日，几比总统府发布公告说，萨尼亚总统因糖尿病并发症在法国巴黎瓦勒德格拉斯医院逝世，享年 64 岁。

（四）瓦斯执政

萨尼亚总统逝世后，由几比国民议会议长雷蒙多·佩雷拉再次代理总统职务，为期三个月。2012 年 3 月 18 日，几比总统选举拉开帷幕。共有 9 名候选人角逐，其中包括几内亚和佛得角非洲独立党候选人、总理卡洛斯·戈梅斯和反对党社会革新党候选人、前总统亚拉，约 180 名来自欧盟、非盟和西非国家经济共同体的观察员全程观察了选举进展情况。经过投票，总理戈梅斯和前总统亚拉分别获得 48.97% 和 23.26% 的选票进入第二轮。但因包括亚拉在内的 5 名候选人认为第一轮投票存在"违规"行为，原定于 4 月 22 日举行的第二轮投票被推迟至 4 月 29 日举行。

2012 年 4 月 12 日，几比军队在副总参谋长与军区主席马马杜·图里·库鲁玛（Mamadu Ture Kuruma）领导下发动政变。政变军方逮捕了总理、总统选举第二轮投票候选人戈梅斯，并罢黜其总理职位。军方还擒获多名政治人士，包括代理总统职务的国民议会主席雷蒙多·佩雷拉，选举进程因此而中断。4 月 13 日，库鲁玛对外承诺尽快组成全国性联合政府。当日，联合国安理会强烈谴责几比发生的军事政变，呼吁政变军人立即释放几比代总统和总理，并立即恢复宪法秩序，以便几比合法政府完成包括议会选举在内的选举进程。安理会还敦促几比各方保持最大限度的克制，避免暴力。非洲联盟委员会与西非国家经济共同体等国际组织对此次政变都深表谴责与关切。

在国际社会压力下，政变军方与西非国家经济共同体达成一致，由代议长马努埃尔·塞里富·尼亚马若（Manuel Serifo Nhamadjo）担任过渡总统,同意西共体派兵维护宪政。11月,几内亚和佛得角非洲独立党与社会革新党达成谅解,议会恢复正常运转。过渡政府成立之后,几比各政党、社会团体及军方一致约定,过渡总统及政府总理在过渡期结束后无权参加几比总统选举。2013年1月,几内亚和佛得角非洲独立党签署《政治过渡协议》,正式参与过渡进程。6月,几比组成更具包容性的过渡政府,几内亚和佛得角非洲独立党入阁。6月,几比当局宣布于当年11月24日举行总统和议会选举,但因安全局势及经费等问题,选举又被迫延期。

2014年2月21日,临时总统尼亚马若签署总统令,决定将原定3月16日举行的大选再次推迟到4月13日举行。3月3日,尼亚马若举行新闻发布会宣布,自己不会成为几比社会的不稳定因素,因自己不会以候选人的身份参加几比总统选举。4月4日凌晨,几比前总统昆巴·亚拉因心脏病发作在家中去世,尼亚马若宣布4月5日至7日为全国哀悼日,停止所有竞选活动。4月8日,总统竞选活动继续进行,有13名总统候选人和15个政党参选。联合国秘书长潘基文4月11日就即将举行的几比大选发表声明,呼吁几比民众和政府确保举行和平、可信的选举。声明说,候选人及其支持者、过渡政府、选举管理机构、民间团体及民众都应在选举中发挥重要作用,成功完成大选有助于几比恢复宪政秩序、促进法治、恢复被中止的国际援助,也将使几比政治更加稳定,并有助于在国际伙伴支持下实施长期计划以巩固和平、促进国家建设和经济社会发展。潘基文还呼吁所有候选人尊重将由最高法院宣布的正式选举结果,如果产生争议,应遵照法律程序加以解决。

2014年4月13日,总统大选首轮投票结果显示,几内亚和佛得角非洲独立党候选人、前财政部部长若泽·马里奥·瓦斯(José Mário Vaz)获得40.9%的选票,独立候选人努诺·戈梅斯·纳比亚姆(Nuno Gomes Nabiam)获得25.1%的选票,排在第二位。5月20日,几比国家选举委员会(CNE)宣布了几比第二轮总统大选结果,瓦斯获得364394票,得票率为61.9%,纳比亚姆获得224089票,得票率为38.1%,瓦斯赢得了第二轮总统选举的胜利。6月23日,若泽·马里奥·瓦斯宣誓就职总统。

6月25日，几内亚和佛得角非洲独立党新任主席多明戈斯·西蒙斯·佩雷拉（Domingos Simões Pereira）被瓦斯任命为政府总理。

新政府刚组成不久，又因内部分歧严重，瓦斯总统于2015年8月12日宣布解散总理佩雷拉领导的政府，瓦斯指责佩雷拉领导的政府贪污腐败、对自然资源开发过度以及在援助、公共资金管理中缺乏透明度。8月20日，瓦斯任命前部长会议与议会事务部部长巴希罗·贾（Baciro Dja）为新总理，但9月9日，几比最高法院裁定这一任命违宪。9月17日，瓦斯又任命卡洛斯·科雷亚（Carlos Correia）为新一届政府总理。10月13日，科雷亚在新内阁成员宣誓就职仪式上说，几比政府未来工作将继续优先支持教育和卫生领域发展，重视职业培训和文化、体育发展，提高青年就业率。但政争仍未平息并逐步扩散至议会。2016年5月，瓦斯总统再次宣布解散政府，6月2日，任命巴希罗·贾（Baciro Djà）为总理。11月，瓦斯总统再次解散政府，任命恩巴洛为总理。12月，恩巴洛政府宣誓就职。

从2003年塞亚布拉发动军事政变到2016年11月瓦斯总统任命恩巴洛担任总理，在这长达13年的时间里，几比政府更迭不断，军事政变频繁发生。部分政治人物贪恋手中权力，不顾宪法和法律的规定，恣意以程序、财政或技术问题等为借口，推迟总统和议会选举的时间，或对选举结果不予承认。部分军界人物贪恋手中权力，任意发动军事政变，搞军事独裁、专政，致使几比国内的经济日益衰败，百姓民不聊生，社会无法稳定，腐败、走私等问题丛生。几比的未来仍充满变数，国家治理任重而道远。

第三节　著名历史人物

一　阿米卡尔·卡布拉尔

阿米卡尔·卡布拉尔（1924年9月12日~1973年1月20日），非洲民族独立斗争的杰出领导人、几内亚比绍共和国的缔造者。卡布拉尔祖籍

佛得角，出生于几比的巴法塔市。20 世纪 30 年代至 40 年代中期，他随
着父母住在佛得角岛，并在此念小学及中学，此时的他已逐渐对当时葡萄
牙统治下的佛得角岛现状表现出不满，具有朴素自发的反抗精神。[①]

　　年轻时卡布拉尔就读于佛得角的圣文森特岛，21 岁赴葡萄牙里斯本
大学农学院学农艺。由于当局给他的助学金不足以维持生活，他课外兼任
私人家庭教师，参加勤工俭学活动。这阶段他既受马克思主义的影响，又
受民族主义的影响，是其政治思想发展过程中的重要时期。当时他和其他
非洲学生一起，如饥似渴地吸收各种进步思想与知识。他这时还参加了以
葡萄牙共产党为核心的葡萄牙反对派发动的反政府示威游行。通过这阶段
学习和观察，他掌握了马克思主义的一些知识。在大学学习期间曾参加原
葡萄牙共产党领导的民主青年联盟，并担任该盟的领导工作，受到进步思
想的影响。[②]

　　卡布拉尔在这一时期除了受马克思主义影响外，更主要的是受非洲民
族主义的影响。当时葡萄牙流行的马克思主义观点强调把殖民帝国改变为
社会主义国家联邦，而不是殖民地实现独立，卡布拉尔认为这种观点在非
洲是行不通的，故他更注意非洲民族主义。1951 年，他和同伴们建立了
"非洲研究中心"，每周定期召开研讨会，他们表示要反对文化同化，就
必须向殖民统治提出挑战。卡布拉尔当时成为发起"重新非洲化"的推
动力量。[③]

　　1952 年，卡布拉尔完成学业，返回比绍，进入殖民当局的农业服务
机构任土壤、人口统计以及水利工程方面的工程师，并秘密地参加反殖活
动。1953 年下半年，他接受了殖民当局交给的在几比开展农业调查的任
务。卡布拉尔组织了 30 多人到几比农村各地进行调查。至 1954 年 4 月完
成了资料收集工作。在这五个月的调查中，卡布拉尔领导调查队走访了
41 个行政区，365 个人口中心，2200 块农民耕种的土地。这次农业调查

---

①　林修坡：《阿米卡尔·卡布拉尔的政治思想初探》，《国际政治研究》1989 年第 2 期。
②　林修坡：《几内亚（比绍）反殖武装斗争的主要经验》，《政治研究》1988 年第 4 期。
③　林修坡：《阿米卡尔·卡布拉尔的政治思想初探》，《国际政治研究》1989 年第 2 期。

使卡布拉尔有机会深入几比各地农村，广泛地同农民及酋长接触及交谈，亲自了解农村的实际情况，以及农民的疾苦和要求。[①] 他认为在几比，"几乎所有的人都是农民"，"所有的财富都是由农民创造的"，"农民在物质上是一种伟大的力量"。他认为"农民不是革命力量"，而是"物质力量"。卡布拉尔提出的"物质力量"这个新概念不但没有把农民排除在革命队伍之外，相反加强了对农民的发动工作，这使几比的农民真正成为民族解放战争赖以取胜的主力和支柱。[②] 这也为他以后制订对农民的政治动员及反殖武装斗争计划做了很有必要的准备。

　　1954 年，卡布拉尔筹组第一个民族主义团体——"再生协会"。1956年 9 月 19 日，组建几内亚和佛得角非洲独立党，宣称该党是"民族解放运动组织，是几内亚和佛得角人民为争取独立和进步而斗争的工具"[③]。之后，卡布拉尔赴安哥拉，同内图一道组织安哥拉人民解放运动。在1959 年比绍港大屠杀发生后，卡布拉尔返回几比，加强全国各部族各派别人民的团结，依靠全国各部族人民进行反殖斗争。在立足于国内斗争的同时，卡布拉尔又十分重视争取国际进步力量的支援。他积极争取联合国的同情和支持，争取邻国几内亚和塞内加尔的支持，还努力争取苏联、东欧和北欧国家的支持及葡萄牙等西欧北美国家广大人民的合作及支持。卡布拉尔对联合国做了不少工作，取得了一定的成果。1962 年 12 月，他出席联合国第四委员会（即特殊政治及非殖民化委员会）的会议，提交了长达 100 页的文件，揭露葡萄牙对几比的残暴统治，促使联合国做出了1819 号决议，谴责葡萄牙所进行的殖民战争，重申维护殖民地人民的自决权。1963 年 7 月，联合国安理会号召会员国不提供军事装备给葡萄牙。卡布拉尔积极参加非洲及国际社会的各种会议，谴责葡萄牙殖民者，大力宣传几内亚和佛得角非洲独立党所取得的成就，其主要目标除了要孤立葡萄牙外，还要扩大几内亚和佛得角非洲独立党的影响，使国际社会承认它是几比唯一

---

① 林修坡：《阿米卡尔·卡布拉尔的政治思想初探》，《国际政治研究》1989 年第 2 期。
② 林修坡：《几内亚（比绍）反殖武装斗争的主要经验》，《政治研究》1988 年第 4 期。
③ 林修坡：《几内亚（比绍）反殖武装斗争的主要经验》，《政治研究》1988 年第 4 期。

的合法组织，以便"得到最大程度的支持"，"取得最多的援助"①。

自 1963 年开始，几内亚和佛得角非洲独立党在卡布拉尔的领导下发动武装起义，1973 年解放几内亚比绍约 2/3 的国土并宣布独立。卡布拉尔因其卓越的领导才能而享誉国际，先后获得纳赛尔奖和约里奥·居里勋章，并被美国林肯大学和苏联科学院授予名誉博士学位。1973 年 1 月 20日，卡布拉尔遭暗杀。卡布拉尔曾于 1960 年和 1972 年两次率几内亚和佛得角非洲独立党代表团访华。他的论著和演讲汇编成《几内亚革命》和《落叶归根》两本书。

二 诺奥·贝尔纳多·维埃拉

诺奥·贝尔纳多·维埃拉（1939 年 4 月 27 日 ~ 2009 年 3 月 2 日），人们又称他为"尼诺"（Nino），1939 年出生在比绍市的一个工人家庭。中学毕业后当电工。1960 年参加几内亚和佛得角非洲独立党。几比独立前，他多年参与领导革命武装反抗葡萄牙殖民军的英勇斗争，是当时广为传颂的传奇领导人之一。1961 ~ 1964 年，维埃拉是南部卡提奥省的军事负责人；1964 年在几佛独立党第一次代表大会上，当选为政治局委员并任南线司令；1965 年任党的战争委员会委员；1973 年当选为党常设书记处成员；同年 9 月 24 日，几比共和国成立，他出任第一届全国人民议会议长兼武装部队部长；1978 年任部长会议主席；1980 年 11 月领导武装力量，发动"调整运动"，推翻了以路易斯·卡布拉尔（Luis Cabral）为国务委员会主席的政府，接管政权，担任革命委员会主席、政府首脑和武装部队最高统帅；1981 年 11 月当选为几佛独立党总书记。维埃拉接管政权后，纠正前政权在国家建设方面的偏向，调整经济政策，从国情出发，优先发展农业。1982 年维埃拉访华。1987 年，维埃拉政府同国际货币基金组织合作，对几比国家经济结构进行调整，根据国家发展的实际需要和经济效益，调整工业和基础项目，整顿商业。在对外方面，维埃拉政府奉行反帝、反殖、不结盟和和平共处的外交政策，主张发展同所有国家特别是

---

① 林修坡：《几内亚（比绍）反殖武装斗争的主要经验》，《政治研究》1988 年第 4 期。

同葡语国家和邻国的友好合作关系，同时坚定地支持南部非洲人民的解放斗争和阿拉伯人民反对以色列的正义斗争。1984 年 5 月维埃拉当选国务委员会主席，1989 年 6 月连任。1994 年 8 月，维埃拉在首次多党选举中获胜，出任总统。1999 年，维埃拉政权被推翻，维埃拉流亡葡萄牙。2005 年 5 月，几内亚比绍最高法院批准维埃拉作为独立候选人参加总统大选；7 月 28 日，他在第二轮总统角逐中当选总统，10 月 1 日，宣誓就职。2009 年 3 月 2 日，维埃拉在比绍遇袭身亡。

第三章

政　治

　　1991 年以前，几比实行几内亚和佛得角非洲独立党一党专政制度。1991 年 5 月，几比全国人民议会特别会议通过了建立多党制的法律。从 1994 年举行首次多党总统选举至今，几比已经产生过多位总统与总理，但几比的政局仍不稳定，这期间出现过多次政变与数次政府更迭。

第一节　国体与政体

一　国家性质与政府体制

　　按照 1999 年 7 月通过并颁布的几内亚比绍共和国宪法修正案规定，"几内亚比绍是一个主权、民主、世俗和统一的共和国"。几内亚比绍实行半总统制①，国家元首是总统，政府首脑为总理，同时，几比实行多党制与一院制。

　　几内亚比绍的国体与政体经历了一个不断调整的过程。早在 1973 年，几内亚比绍独立后即宣布国家实行一党制，建立社会主义共和国。1991 年以前，几比实行几内亚和佛得角非洲独立党一党专政制度。1991

---

　　① 又名半总统半议会制，是一种具有总统制的实质，但在形式上保留议会制的外衣，而且总统作为国家元首又在实际上掌握行政权力的政治体制。半总统制的内阁有相对稳固的地位，国会（议会）权力相对缩小。一般认为，半总统制政体实质上是总统制，因为作为国家元首的总统掌握着全国主要的最高行政权力，而总统由选民直接选举产生，国会仅能从立法上对其实施影响，不能利用不信任案迫使其辞职。同时，半总统制政体又具有议会制的特点，即内阁由在议会中占多数的政党组成，并且政府向议会负责。

年 5 月，几比全国人民议会特别会议通过了建立多党制的法律。1994 年 7～8 月，几内亚比绍举行首次多党总统选举，维埃拉作为几内亚和佛得角非洲独立党候选人当选总统。此后，几比多次举行总统大选，现任总统若泽·马里奥·瓦斯于 2014 年 5 月以几佛独立党候选人身份成功当选。2016 年 11 月，瓦斯总统任命恩巴洛为总理，恩巴洛政府于 12 月宣誓就职。

二　宪法

（一）现行宪法的主要原则

几内亚比绍实行半总统制。总统是国家元首，总理、政府成员经在议会占多数的政党提名后由总统任命。总统每届任期 5 年，可连任 1 次。

共和国总统、国民议会议长、政府总理以及最高法院院长和武装部队总参谋长等国家重要职务只能由父母均在几内亚比绍出生的纯正几内亚比绍血统公民担任。

几内亚比绍的国家主权属于人民。国家实行政教分离。国家法律面前，所有公民一律平等，都享有相同的权利和负有相同的义务；严禁一切歧视，包括种族歧视、性别歧视、宗教歧视、智力或文化水平歧视等。

（二）宪法的发展

1973 年 9 月 24 日，几内亚比绍共和国在解放区宣告成立并颁布了第一部宪法。1984 年 5 月 17 日，几比新一届全国人民议会召开之后，几内亚比绍新宪法出台，这是几比的第二部宪法。新宪法规定几内亚比绍是民主、世俗、统一的反帝反殖的主权共和国；目标是建立没有人剥削人的社会；全国人民议会是国家最高权力机关，并在几内亚和佛得角非洲独立党的领导下行使立法权，组织并监督执行党的方针、路线、政策；国务委员会主席为国家元首、政府首脑和武装部队最高统帅。1991 年 5 月，几比全国人民议会特别会议对宪法进行了修改，通过了建立多党制的法律，从而正式终结了几比一党制的历史，并终止了几内亚和佛得角非洲独立党作为执政党的政治领导地位。1999 年 7 月，通过并颁布宪法修正案。2012 年 3 月 28 日，时任联合国秘书长几比事务特别代表穆塔博巴通过视频向安理会汇报几比局势进展时指出，几比有必要对法律框架进行根本修改，以使政府机构有效运转。2014 年 11 月 11 日，几比国民议会以 77 票赞成通过修改共和国宪法草案。同时，议会审议通过成立修宪委员会，其成员由几比议长卡萨马、副议长科雷亚、几内亚和佛得角非洲独立党 4 名议员、社革党 3 名议员、民主联盟 1 名议员、变革联盟党 1 名议员，以及几比法律学院部分教授、民间社会代表、私营部门和宗教组织代表等组成。2016 年 5 月，总统瓦斯解散政府，再次任命巴希罗·贾为总理，几佛独立党抗议总统违宪，但这一次几比最高法院裁定巴希罗·贾的任命合法，总统瓦斯提议修改宪法，意图扩大总统权力。可以看出，由于政治波动频繁，几比宪法未来的完善之路仍会面临诸多障碍与曲折。

三　选举制度与国家元首

根据几比宪法，几比总统是国家元首，总理、政府成员均由总统任命。总统每届任期 5 年，可连任 1 次。根据几比选举法，在总统大选中，在首轮选举中得票数超过总票数 50% 的总统候选人将获胜；如果在首轮选举中没有一位总统候选人的得票数超过 50%，那么得票最多的前两位候选人将在第一轮选举的正式结果公布 21 天后进入第二轮角逐，票多者获胜。现任总统是 2014 年作为几内亚和佛得角非洲独立党候选人参加总统选举并最终获胜的若泽·马里奥·瓦斯（历届领导人见表 3 - 1）。

表 3 - 1　历任几内亚比绍最高领导人

任职起止时间	姓名	职务
1973 年 9 月 24 日 ~ 1980 年 11 月 14 日	路易斯·卡布拉尔	国务委员会主席
1980 年 11 月 14 日 ~ 1984 年 5 月 14 日	诺奥·贝尔纳多·维埃拉	革命委员会主席
1984 年 5 月 14 日 ~ 1984 年 5 月 16 日	卡尔曼·佩雷拉	全国人民代表大会主席
1984 年 5 月 16 日 ~ 1999 年 5 月 7 日	诺奥·贝尔纳多·维埃拉	国务委员会主席、总统
1999 年 5 月 7 日 ~ 1999 年 5 月 14 日	安苏马内·马内	巩固民主、和平和正义军事委员会主席，军政府领袖
1999 年 5 月 14 日 ~ 2000 年 2 月 17 日	马拉姆·巴卡伊·萨尼亚	代总统
2000 年 2 月 17 日 ~ 2003 年 9 月 14 日	昆巴·亚拉	总统

任职起止时间	姓名	职务
2003 年 9 月 14 日~2003 年 9 月 28 日	韦里西莫·科雷亚·塞亚布拉	恢复宪法和民主秩序军事委员会主席
2003 年 9 月 28 日~2005 年 10 月 1 日	恩里克·佩雷拉·罗萨	过渡总统
2005 年 10 月 1 日~2009 年 3 月 2 日	诺奥·贝尔纳多·维埃拉	总统
2009 年 3 月 3 日~2009 年 9 月 8 日	雷蒙多·佩雷拉	代总统
2009 年 9 月 8 日~2012 年 1 月 9 日	马拉姆·巴卡伊·萨尼亚	总统
2012 年 1 月 9 日~2012 年 4 月 12 日	雷蒙多·佩雷拉	代总统
2012 年 4 月 12 日~2012 年 5 月 10 日	马马杜·图里·库鲁玛	军区主席
2012 年 5 月 10 日~2014 年 6 月 23 日	马努埃尔·塞里富·尼亚马若	过渡总统
2014 年 6 月 23 日至今	若泽·马里奥·瓦斯	总统

资料来源：表格由作者编制。

第二节　国家机构

中央行政机构即中央政府是国家机构中最主要的机构，它是负责制定和执行全国政策与规划的机关。根据几内亚比绍宪法，总统是国家元首，总理、政府成员均由总统任命，而总理应由在议会选举中获胜政党的党主席担任。按照几内亚比绍法律，总统在发生政治危机时有权解散政府。政府解散后，总统需要任命新的总理并由他组建新的政府，同时在 90 天内举行议会选举。

2015 年 9 月 17 日，几比总统瓦斯签署总统令，任命几内亚和佛得角非洲独立党元老、第一副主席卡洛斯·科雷亚为新一届政府总理，并批准科雷亚组建新一届政府。科雷亚曾于 1991 年、1997 年和 2008 年先后三次出任总理，因此被外界认为是解决几内亚比绍政治困局的关键人物。

2016 年 5 月，瓦斯总统宣布解散政府，6 月 2 日，任命巴希罗·贾为总理，新政府于当日宣誓就职。2016 年 11 月 15 日，几比总统瓦斯再次签署总统令，解散了总理巴希罗·贾领导的政府。瓦斯在总统令中表示，解散政府的主要原因是几比当前的政治危机已经使议会陷入瘫痪，政府施政计划和国家预算无法通过。依据宪法赋予的责任，总统有权在国家发生政治危机的情况下解散政府，同时也将尽快任命一位各方同意、总统信任的新总理，并由新总理根据《科纳克里协议》，组建一个具有包容性的政府。11 月 18 日，几比总统瓦斯发布总统令，任命前总统顾问乌马罗·埃尔穆赫塔尔·西索科·恩巴洛（Umaro El Mokhtar Sissoco Embalo）为新总理，并于 2016 年 12 月 13 日组阁政府，包括 24 位部长和 13 位国务秘书。

2015 年 3 月 19 日，时任几比总理佩雷拉召开新闻发布会，向公众全面推出几比政府门户网站，网址是：www. gov. gw。佩雷拉称，几比政府网站的建立，不仅能实时公布政务信息和新闻，它还是政府密切联系公民的新桥梁，同时也接受公众的监督。网站推出葡萄牙语、法语和英语三个版本。网站将在第一时间发布政府重要会议、重要活动、重大政策等信息；公开政府信息，让社会公众及时了解政府决策和政府行动。电子政务的目的是增加政府与群众的联系，向公众提供公共服务，以促进民主进程和监督管理。

第三节　立法与司法

一　立法

根据几内亚比绍宪法，全国人民议会（Assembleia Nacional Popular da Guiné-Bissau）是国家最高立法机构，行使立法权，每年召开 4 次例会，就国内外重大问题制定法律法规，负责监督国家依法行政等。议会主要职能包括：修改宪法，举行全民公投，通过法律及决议，审议政府执政方案，对政府提出不信任动议，通过国家各项预算，审议批准几内亚比绍签署对外条约，宣布国家进入军管或紧急状态，授权总统宣布战争，审议修改政府公告等。全国人民议会审议通过各项决议需要至少 2/3 的合法议员参与，需要绝对多数即超过半数的议员投票通过。议会可提出对政府不信任案，但无权直接弹劾国家元首，如要弹劾，则须经最高法院和总检察院提起诉讼等程序后方可。

全国人民议会有 102 名议员，国内 100 名，欧洲和非洲各 1 名海外议员。议员必须是年满 21 岁的几内亚比绍公民，由各政党或政党联盟在首都比绍市和 8 个省的 27 个行政区县提出代表本党或本党联盟的候选人名单,最终以普选方式产生。议员任期为 4 年。议员在任期内享有司法豁免权。每届几内亚比绍议会在第一次全会上选举产生议长及议长团其他成员。议长在国家礼宾顺序中位列总统之后,议会议长团包括议长、第一副议长、第二副议长,第一秘书、第二秘书。议长具有以下主要职能:主持议会全会,监督法律的执行,领导协调议会常务委员会工作,签署议会通过的决议和法律公报,代表议会处理议会对外交往等。全国人民议会常设机关为常务委员会,在议会闭会和被解散期间行使议会职权,常委会由议长领导,由副议长及各议会党团领袖组成。议会常委会的职能包括:关注政府执政活动,行使议员任期内的相关权力;召开议会特别会议,宣布国家进入军管或紧急状态等。

1973 年 9 月 23 日,第一届几内亚比绍全国人民议会成立。9 月 24 日,宣告几内亚比绍独立,并通过第一部几内亚比绍宪法。1994 年,几内亚比绍实行第一次多党制议会选举,几内亚和佛得角非洲独立党获胜。① 目前,几比的本届议会于 2014 年 4 月选举产生,共有议员 102 名。其中,几内亚和佛得角非洲独立党 57 名,社会革新党 41 名,民主汇合党 2 名,新民主党和变革联盟党各 1 名。2014 年 6 月 17 日,本届议会举行第一次全会,选举几内亚和佛得角非洲独立党的西普利亚诺·卡萨马(Cipriano Cassamá)担任议长。②

虽然几内亚比绍全国人民议会作为几比的立法机构于建国之初即开始运作,但由于几比国内政治生态较为混乱,尤其是当某些领导人不愿放弃手中权力或者其他人对权力宝座有所觊觎之时,这些人都不惜动用各种手段甚至武力,更使得几比立法机构的工作多流于形式。因此,未来几比的立法建设还需要一个较为和平、稳定的国内政治生态,才能更好地发挥其应有的作用。

---

① 《几内亚比绍全国人民议会》,http://www.npc.gov.cn/npc/xinwen/2011 - 05/23/content_1656565.htm。

② 《几内亚比绍国家概况》,http://www.fmprc.gov.cn/web/gjhdq_ 676201/gj_ 676203/fz_ 677316/1206_ 677752/1206x0_ 677754/。

二 司 法

根据几比宪法，几比国家司法机关及其司法人员依照法定职权和法定程序具体运用法律处理案件。司法是实施法律的一种方式，对实现立法目的、发挥法律的功能具有重要的意义。几比沿用了葡萄牙的法律体系，并于 20 世纪 90 年代实行转轨改制。几比的最高法院是最高司法机关，总检察院是最高检察机关。最高法院院长由最高司法委员会选举产生，并由总统任命。现任最高法院院长保罗·萨尼亚（Paulo Sanhá），2012 年 12 月就职。总检察长由政府提名、总统任命。现任总检察长埃梅内吉尔多·佩雷拉（Hermenegildo Pereira），2014 年 10 月就职。[①]

受到国内政治经济状况的影响，几比的司法状况比较糟糕。首先，司法系统发展严重滞后。由于设备缺乏，几比国内检察官和司法警察在进行刑侦与获取证据时经常束手无策。比如，缺乏 DNA 测试、弹道测试或电话监听等当代必要的侦查手段，导致几比的有罪不罚率极高，对于诸如人口、军火或毒品的贩运以及洗钱等重大犯罪问题也难以有效阻止，这在客观上滋生了蔑视法律、腐败等犯罪现象。其次，司法运作极度不均衡。几比目前的司法运作并未遍及所有地区，只是集中于首都和少数城市，许多地区由于没有法官、检察官和律师，当地民众想要获得司法救助异常困难；此外，获得司法救助的费用昂贵，许多人由于贫困，无力负担诉讼费而无法求助于法律；加之司法程序复杂冗长，积压的案件堆积如山，以至于出现打官司无休无了、民众不敢打官司的现象。再次，"传统司法"普遍盛行。由于几比大部分地区司法机构缺乏，以及上述高昂的讼费和冗长的官司，迫使民众不得不求助于"传统司法"，其特点是只求形式正义而不管是否符合几比的国内法和国际法。最后，军事政变是对司法的严峻挑战。几比政治的一大特点就是频繁出现军事政变，一旦政变发生，议会被解散，总统被拘留，政府的运作被终止，人民的权利被破坏，司法的独立性与严肃性

---

① 《几内亚比绍国家概况》，http：//www.fmprc.gov.cn/web/gjhdq_ 676201/gj_ 676203/fz_ 677316/1206_ 677752/1206x0_ 677754/。

也荡然无存。

为了促进几比的司法制度建设，2015 年 10 月 19 日，联合国法官和律师独立性问题特别报告员莫妮卡·平托（Mónica Pinto）劝告几比政府应支持并重视法官和检察官工作的重要性，承认律师在司法系统、民主实践和加强法治过程中应发挥核心作用。她认为："当局必须优先考虑保障人们能够更好地获得司法救助以及重建人们对这些机构的信任。……司法救助中心提供法律咨询、调解和安抚，以及诉讼的法律定位和援助，这些中心是重要而成功的机构，必须得到保护、加强和扩展至该国的其他地区，也必须获得国家给予的足够资金。"此外，"为了界定现状并强调优先事项，司法系统机构和政府进行反思的重要实践是必不可少的"。"为了让人民重新信任司法独立性，该系统的行为者能够有效采取行动至关重要。"①

第四节　政党

二战后，随着非洲民族解放运动的蓬勃发展，几内亚和佛得角非洲独立党于 1956 年成立。几内亚和佛得角非洲独立党的成立及争取民族独立纲领的提出，标志着几比民族独立运动的兴起。在几内亚和佛得角非洲独立党的领导下，几比人民经过长期的艰苦斗争，终于在 1974 年赶走了葡萄牙殖民者，实现了全国性的独立。独立后，几内亚和佛得角非洲独立党长期一党执政。1991 年，几比改行多党制。几比现有 32 个政党。

一　几内亚和佛得角非洲独立党

几内亚和佛得角非洲独立党（Partido Africano da Independencia da Guine e Cabo Verde—PAIGC），现为执政党，1956 年 9 月 19 日创立。该党的纲领是："采取一切必要的手段，争取无条件地实现几内亚和佛得角人

---

① http://www.ohchr.org/CH/NewsEvents/Pages/DisplayNews.aspx? NewsID = 16617&LangID = C.

民的民族独立。"① 现有党员约 30 万人。成立初期的几内亚和佛得角非洲独立党是一个包括小资产阶级知识分子、小业主以及手工业工人在内的民族主义组织，主要成员为几内亚比绍和佛得角的爱国者。该党早期领导人包括几内亚比绍最著名的民族解放运动领袖阿米卡尔·卡布拉尔及其弟弟路易斯·卡布拉尔与佩雷拉等人。该党宗旨是实现民族团结，捍卫和巩固独立，为创建在人民团结一致、社会公正和法治国家基础上的民主社会而战斗。自成立起，该党便采取了一系列旨在促使葡萄牙放弃殖民占领的和平请愿手段，但在 1959 年比绍大屠杀发生后，该党放弃了和平斗争，转而将武装斗争作为争取独立的唯一手段。几内亚和佛得角非洲独立党在几内亚比绍和佛得角进行了艰苦卓绝的武装斗争并取得了胜利，于 1973 年建立了几内亚比绍共和国。1977 年 11 月，几内亚和佛得角非洲独立党被确定为几内亚比绍和佛得角两国共同的执政党。1981 年 1 月，佛得角另立新党，11 月，几内亚比绍执政党决定沿用原名，从此两国一党的状况宣告结束。该党在 1999 年 11 月几比举行的总统和议会选举中失利，沦为在野党。2002 年 2 月，该党举行特别代表大会，选举产生新的领导人，主席为卡洛斯·戈梅斯（Carlos Gomes）。在 2004 年 3 月举行的议会选举中获胜，重新成为执政党。2012 年 4 月军事政变后，一度被排除在过渡政权之外。2014 年 2 月，几佛独立党召开第八次全国代表大会，多明戈斯·西蒙斯·佩雷拉接替卡洛斯·戈梅斯当选新一届党主席，阿贝尔·达席尔瓦（Abel da Silva）出任全国总书记。在 2014 年总统选举中瓦斯作为几佛独立党候选人成功当选，同时，该党赢得立法选举，再度执政。

二 社会革新党

社会革新党（Partido da Renovacao Social—PRS）。在工人、农民中影响较大，其宗旨是一切为了人民。主张优先进行国家建设，建立民主法

---

① 阿米卡尔·卡布拉尔：《几内亚革命》英文版，伦敦，1974，第 136 页。转引自林修坡《几内亚（比绍）反殖武装斗争的主要经验》，《政治研究》1988 年第 4 期。

治,实施良政,倡导民族团结与和解。1992 年 1 月 24 日,昆巴·亚拉创建社会革新党并任主席。2000 年 1 月,亚拉当选总统,社会革新党成为执政党。在 2004 年 3 月举行的议会选举中该党位居第二。2012 年 12 月,该党举行全国代表大会,阿尔贝托·南贝亚(Alberto Nambeia)当选党主席,新任总书记为弗洛伦蒂诺·特谢拉(Florentino Teixeira)。2014 年,社会革新党虽然输掉了总统竞选,但在全国人民议会选举中获得了 102 个席位中的 41 席,仍为几比第二大党,6 月,南贝亚当选全国人民议会第二副议长。

三 其他政党

目前,几比还有 30 个政党:[①]

团结社会民主党(Partido Unido Social Democrata-PUSD),

民主阵线(Frente Democrática),

几内亚比绍抵抗运动(Resistência da Guiné-Bissau),

民主汇合党(Partido da Convergência Democrático),

变革联盟党(Partido União para a Mudança),

独立和发展共和党(Partido Republicano para Independência e Desenvolvimento),

民主社会阵线(Frente Democrática Social),

国家独立斗争阵线(Frente de Luta pela Independência Nacional),

团结民主运动(Movimento para Unidade e Democracia),

几内亚比绍生态保护联盟(Liga Guineense de Protecção Ecológica),

几内亚比绍社会民主—公民论坛(Fórum Cívico Guineense Social Democracia),

社会民主党(Partido Social Democrata),

民主与进步全国联盟(União Nacional para a Democracia e Progresso),

---

① 《几内亚比绍国家概况》,http://www.fmprc.gov.cn/web/gjhdq_ 676201/gj_ 676203/fz_ 677316/1206_ 677752/1206x0_ 677754/。

革新与进步党（Partido de Renovação e Progresso），

几内亚比绍民主社会党（Partido Democrático Socialista Guineense），

社会联盟（Aliança Socialista），

几内亚比绍人民党（Partido Popular Guineense），

几内亚比绍社会党（Partido Socialista da Guiné-Bissau），

几内亚比绍民主社会解决党（Partido Democrata Socialista Solução Guineense），

民族团结党（Partido da Unidade Nacional），

团结劳工党（Partido de Solidariedade e do Trabalho），

人民宣言党（Manifesto do Povo），

几内亚比绍民主运动（Movimento Democrático Guineense），

几内亚比绍民主党（Partido Democrático Guineense），

进步党（Partido para o Progresso），

几内亚比绍爱国者联盟（União dos Patriotas Guineense），

全国和解党（Partido de Reconciliação Nacional），

新民主党（Partido da Nova Democracia），

人民民主党（Partido Popular Democrático），

民主、发展与公民党（Partido para a Democracia Desenvolvimento e Cidadania）。

第五节　著名政治人物

一　若泽·马里奥·瓦斯

若泽·马里奥·瓦斯（1957 年 12 月 10 日～），几内亚比绍现任总统。曾留学葡萄牙，获经济学学士学位。1987 年自办公司经商，1993 年开始供职于政府部门。1994 年任几内亚和佛得角非洲独立党总统候选人维埃拉竞选办公室主任，后在党的地方系统任职。2004 年出任几比首都比绍市市长，2009～2012 年萨尼亚总统执政期间任财政部部长。2014 年，他作为几内亚和佛得角非洲独立党候选人参加总统选举，在 5 月 18 日举行的第二轮投票中获胜当选，6 月 23 日就职。瓦斯 1989 年加入几内亚和佛得角非洲独立党，2014 年当选该党中央委员会委员。

二 乌马罗·埃尔穆赫塔尔·西索科·恩巴洛

乌马罗·埃尔穆赫塔尔·西索科·恩巴洛 1972 年出生于首都比绍，曾在里斯本技术大学社会与政治学院获得国际关系学士学位，在西班牙马德里康普顿斯大学国际研究院获得社会与政治学硕士学位。他是非洲及中东事务专家，他同时拥有准将军衔，曾在多届政府中任职。2016 年 11 月 18 日，恩巴洛被几比总统瓦斯任命为总理，接替 11 月 14 日被解职的巴西罗·贾。

第六节 军事

几内亚比绍人民革命武装部队始建于反殖民斗争时期，目前拥有海、陆、空三个军种，由于国家经济落后，国防预算、开支都很低。几比军队在国内政治中经常扮演十分重要的角色。

一 建军及军队发展简况

几内亚比绍军队称为人民革命武装部队（People's Revolutionary Armed Force，FARP），创建于 1964 年 11 月 16 日，拥有海、陆、空三个军种与总统卫队。共和国总统为武装部队最高统帅。政府设国防部，下辖总参谋部，总参谋长由总统根据政府建议任免。实行义务兵役制。士兵服役期为 2～3 年，军官为 10 年以上。2008 年，欧盟帮助几比制订了一项裁军计划。该计划规定，到 2009 年底前，几比将完成武装部队、警察和司法系统的缩编和减员任务。2012 年 6 月 12 日，澳大利亚智库"经济与和平研究所"发布《2012 年全球和平指数》[①]，几比名列第 96 位。

[①] 该研究所根据 23 个指标对 158 个国家的和平程度进行调查。这些指标包括社会动乱、犯罪情况及邻国关系等，其中军费开支也是其衡量的主要指标之一。

二　国防预算

在 20 世纪 90 年代，几内亚比绍的国防预算和军费开支都不算很高。这主要因为几比自身经济落后，加之在该时期内几比的政治局势相对稳定，但是，1998 年的几比内战导致该国防御开支实质性增长。进入 21 世纪后，几比的国防预算和军费开支受到国内政治局势变化和经济衰退的影响逐步增多（见表 3 - 2）。

表 3 - 2　几内亚比绍 1995 ~ 2016 年军费开支

年份	1995	1996	1997	1998	1999	2000	2001	2002	2003	2004	2005
军费开支（百万美元）	3.7	3.1	2.9	4.3	—	15.9	10.3	9.7	9.9	—	13.9
军费占国内生产总值百分比（%）	0.5	0.6	0.7	1.4	—	2.3	1.6	1.6	1.6	—	2.1
年份	2006	2007	2008	2009	2010	2011	2012	2013	2014	2015	2016
军费开支（百万美元）	—	—	—	12.2	15.6	14.4	21.4	18.1	18.2	17.0	—
军费占国内生产总值百分比（%）	—	—	—	1.7	2.0	1.6	2.3	1.9	1.8	1.5	—

资料来源：斯德哥尔摩国际和平研究所（SIPRI）网站，Data for all countries from 1988 - 2016 in constant (2015) USD (pdf)，Data for all countries from 1988 - 2016 as a share of GDP (pdf)，https://www.sipri.org/databases/milex。

三　国防体制、军队编制与兵役制度

几比对 16 岁以上、征得父母同意的公民实行志愿兵役制，对 18 ~ 25 岁的公民实行选择性义务兵役制度（空军服役是自愿兵役制）。武装力量由正规军和准军事部队组成。正规军分为陆、海、空三个军种，其中陆军分编 5 个步兵营、1 个装甲旅、1 个炮兵营、1 个通信营、1 个侦察大队、1 个工兵连。陆军装备有坦克、装甲车辆、火炮、防空导弹等武器；海军装备有少量的舰艇；空军 2010 年时有 1 架型号为米格 - 15 的作战飞机和 1 架型号为 SE3130 的战斗直升机。[1]

———————————

[1]　RUAG：*WorldAirForces2010report. pdf*，p. 17. *WorldAirForces2011 - 2012report. pdf*，p. 16.

准军事部队为宪兵，隶属于国防部，由现役人员组成。军官军衔分 3 等 7 级。将官只设准将，校官分为上校、中校、少校，尉官分为上尉、中尉、少尉。现任总参谋长比亚盖·纳·恩坦（Biaguê Na Ntan），2014 年 9 月就职。目前登记在册的军人总数约 4500 人，警察等安全部门人员总数约 3000 人。[①] 2014 年 10 月 1 日，国防部进行新一批司局长任命就职典礼。几比国防部部长卡迪·赛迪参加仪式。新一批人事任命包括：上校若阿金·门德斯被任命为几比国防研究所所长，上校阿尼巴尔·达科斯塔被任命为新兵招募和人事管理总局局长，准将佩德罗·科斯塔被任命为国防部基础设施建设、装备、军需总局局长，上校席尔瓦·费雷拉被任命为国防部军备和后勤总局局长。

四 对外军事关系

（一）同周边国家军事关系趋于缓和

几内亚比绍自建国以来，与周边国家的军事关系经历了不少波折，但近年来整体趋于缓和。1974 年 9 月 24 日，几比与塞内加尔建交。几比同塞南部要求独立的卡萨芒斯地区接壤，曾参与调解卡萨芒斯问题，并促成塞政府与卡萨芒斯地区反政府武装"卡萨芒斯民主力量运动"达成停火协议。1998 年 6 月几比兵变后，几内亚出兵协助维埃拉政府，后及时撤兵。与此同时，应几比总统维埃拉要求，塞内加尔出兵相助。法国则支持塞内加尔和几内亚出兵几比并提供军用物资。1999 年 1 月，西非维和部队进驻几比后，塞内加尔军队逐渐撤离。5 月，军委会因不满法国偏袒维埃拉而焚烧法国驻几比使馆，两国关系一度紧张，但之后两国关系逐渐改善。2009 年下半年，因领土纠纷及 500 名塞内加尔渔民非法捕捞被扣事件，几比与塞内加尔关系一度紧张，在双方的共同努力下，关系终得缓解。2014 年 3 月 6 日，塞内加尔总统萨勒宣布，塞内加尔全面支持几比选举，特别是在大选后，全力帮助几比国防和安全建设与部队改革。

---

① 《几内亚比绍国家概况》，http://www.fmprc.gov.cn/web/gjhdq_ 676201/gj_ 676203/fz_ 677316/1206_ 677752/1206x0_ 677754/。

（二）国际社会给几比军事援助

几比由于自身经济条件限制，国防建设非常落后，几比政府不得不经常求助于欧美国家与一些国际组织，以期获得资金与军事物资等方面的援助。2007 年 10 月初，葡萄牙政府向几比军方捐赠了一批价值 2 亿西非法郎的物资，包括 3000 套军服和教学器材。2008 年 1 月 22 日，欧盟与几比签署了一份协议，规定由欧盟向几比提供 770 万欧元，支持几比国防和安全领域的改革，这一改革有利于几比军队和警方的现代化管理。2012 年 3 月 15 日，在联合国开发计划署的要求下，几比内政部举办了军队和警察官员培训班，内容为"预防冲突和调停"，以应对在大选期间可能出现的突发事件。根据葡萄牙国家统计局的数据，自 2009 年几比维埃拉总统被暗杀到 2012 年，葡萄牙已经向几比出口价值为 68.4 万欧元的武器和弹药。2012 年 11 月 6 日，几比过渡政府宣布，西共体提供 6300 万美元支持几比进行国防和安全部门改革，特别是军人养老金和军事设施的完善。

2013 年 3 月底，日本驻尼日利亚使馆向西共体捐赠 4.5 万美元，以支持西共体维和部队在几比的任务。这笔捐款被用于为几比当地一家医院建立照明系统。7 月 3 日，西共体向几比提供 470 万欧元，帮助修复几比三个军营，该工程包括修复几比空军基地、陆军军营及南部布巴军营。10 月 22 日，佛得角宣布，在几比大选完成后，对几比的国防和安全改革进行财政支持。2014 年 2 月 5 日，几比过渡总统尼亚马若宣布，尼日利亚向几比安全部队提供维护 3 月 16 日大选秩序的装备。2014 年 3 月 14 日，西共体向几比国防部捐赠 6 辆普拉多吉普车、3 辆丰田陆地巡洋舰吉普车及 2 辆双排座皮卡车，以帮助几比国防和安全部门执行改革方案。9 月 22 日，尼日利亚政府向几比武装部队捐赠一批军服装备，包括 1278 套衣服、1224 顶帽子、1180 双士兵鞋、750 双军官鞋、4660 套迷彩服、4750 根皮带及 4260 双军靴。

（三）国际社会介入几比军事乱局

欧美国家与国际组织在几比国内政局动荡时，向几比提供军事安全方面的调停、援助与保障。2009 年 3 月，几比总统维埃拉遭袭身亡后，葡萄牙外交合作国务秘书率葡共体代表团赴几比斡旋。2009 年 8 月下旬，由于几比长期被军人干政所困扰，欧盟决定帮助该国实行安全防卫领域的改革。2010 年"4·1"哗变事件后，总统萨尼亚与国防部部长阿里斯蒂德斯·席尔瓦先后访问安哥拉，旨在寻求安哥拉在国防、军队管理和改革方面提供支持。"安哥拉协助几比实施安全和国防部门改革军事特派团"于 2011 年 3 月正式入驻几比，由 270 名安哥拉警察和军人组成，其目的是协助几比实施安全和国防部门改革。为执行本次军事任务，安哥拉共计耗资约 1000 万美元。根据两国协议，军事任务有 1300 万美元的预算，其中包括部队军营和警察局的维修、行政部门重组、军事训练、成立军事教育机构等项目。

2012 年"4·12"军事政变发生后，葡萄牙予以强烈谴责，并派出快速反应部队驻扎非洲西海岸，坚持要求恢复原合法政府。4 月 26日，西共体成员国召开特别会议，决定派遣一支由尼日利亚、多哥、科特迪瓦和塞内加尔四国组成的西共体警备部队赶赴几比，确保该国尽快恢复宪法秩序并帮助其进行国防和安全部门改革。经过与西共体军事代表谈判，4 月 27 日，几比政变军人释放了此前逮捕的代总统佩雷拉和总理戈梅斯，并表示愿意接受西共体向该国派驻维和部队。5 月5 日，葡共体国家发表声明，反对西共体在几比局势上的立场，认为任何解决方案都必须通过几比宪法执行，呼吁联合国对几比政变军人进行制裁。5 月 14 日，西非国家军事领导人开会，讨论几比和马里的局势，并宣布派维和部队进驻几比，以解决军事政变以来的僵局。5 月18 日，联合国安理会一致通过决议，制裁对几比政变负有责任的 5 名军事指挥部成员，决议还鼓励西共体、非洲联盟和葡共体密切合作，继续进行调解。5 月 28 日，西共体军事特遣队替代安哥拉军事特派团进驻几比，以确保几比的过渡局势。2015 年 8 月 12 日，几比总统瓦斯宣布解散总理佩雷拉领导的政府，几比政局又陷入混乱。9 月，西共体达喀尔首脑峰会决定，将西非共同体驻几比军事特遣队任期延长到2016 年 6 月。9 月 13 日，几比总统瓦斯在比绍宣布，西共体将派代表团调解几比冲突。

第四章

经　济

几内亚比绍是农业国，是联合国公布的最不发达国家之一，其经济发展极为缓慢，人民生活水平低下，贫困问题严重。独立后至今，几比政府长期忽视农业以及错误的经济政策导致几比国内经济和社会矛盾尖锐。

第一节　经济概况

一　经济现状

几内亚比绍是一个农业国，工业基础薄弱。在 2014 年 12 月 15 日联合国公布的《2014 年最不发达国家报告》① 中，几比被联合国定为全球48 个 "最不发达国家" 之一。1997 年 3 月，几内亚比绍加入西非经济货币联盟。5 月，原货币比索开始兑换非洲金融共同体法郎，简称西非法郎（FCFA）②。7 月底，比索作废。目前，西非法郎的纸币面值为 1000 西非法郎、2000 西非法郎、5000 西非法郎和 10000 西非法郎。硬币面值为 1西非法郎、5 西非法郎、10 西非法郎、25 西非法郎、50 西非法郎、100

---

① 该报告主要关注不发达国家经济结构转型问题，围绕最不发达国家千年发展计划方面取得的进展、经济发展与人类发展之间重新建立起联系、最不发达国家的结构转型和劳动生产率，以及最不发达国家 2015 年后发展议程这四个方面展开。如果一个国家被定为最不发达国家，即可获得援助、优惠市场准入和特别技术援助等特许权。
② 西非法郎区目前包括西非经货联盟的 8 个成员（贝宁、布基纳法索、科特迪瓦、几内亚比绍、马里、尼日尔、塞内加尔及多哥）与中非经货共同体的 6 个成员（喀麦隆、中非、刚果、加蓬、赤道几内亚与乍得）以及科摩罗。

西非法郎、200 西非法郎、250 西非法郎和 500 西非法郎。西非法郎对外币汇价由西非国家中央银行决定并公布。人民币与当地货币不能直接结算。2016 年的汇率约为 1 美元兑换 592 西非法郎。几比 2016 年国内生产总值（GDP）仅为 11.15 亿美元，人均国内生产总值 605 美元，国内生产总值增长率为 2.4%，通货膨胀率为 2.8%（见图 4 - 1）。① 2017 年 2 月，美国智库传统基金会公布 2017 年《经济自由度指数》报告显示，在全球参评的 180 个经济体中，几内亚比绍综合得分 56.1 分，比 2016 年上升 3 分，排名第 119 位，属于"较不自由经济体"。②

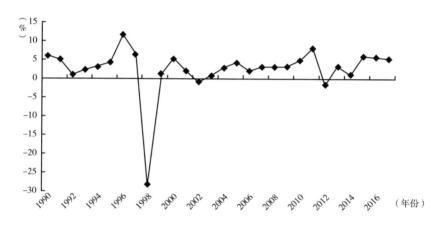

图 4 - 1　1990 ~ 2017 年几比 GDP 实际增长率

图表由作者编制，数据来源：EIU Countrydata，https：//eiu. bvdep. com/version - 20171023/cgi/template. dll? product = 101&user = ipaddress&dummy_ forcingloginisapi = 1。

从 1991 ~ 2014 年的年度经济指标统计表中我们可以看出，这些年来几比的经济走向呈现明显波浪形。这表明，从 20 世纪 90 年代中后期至

---

① 《几内亚比绍国家概况》，http：//www. fmprc. gov. cn/web/gjhdq_ 676201/gj_ 676203/fz_ 677316/1206_ 677752/1206x0_ 677754/。

② 经济自由度指数报告以财政健康、贸易自由、金融自由等 12 项指标为评估因素，采用百分制的评分方法，分数越高，表明经济自由度越高；反之，经济自由度越低。《2017 年全球经济自由度指数几比排名第 119 位》，http：//gw. mofcom. gov. cn/article/jmxw/201702/20170202520025. shtml。

今，几比的经济发展很不稳定，主要是其国内政治局势不稳导致社会经济发展缓慢。在发生政变的年份中，几比的 GDP 指数明显低于局势平稳的年份，例如，1998 年的军事政变导致几比国内经济跌至最低点。近 5 年来，几比的经济发展虽然较之前几年稍有好转，但仍不尽如人意（见表4−1）。2016 年，几比经济增长率为 5.6%，较 2015 年的 4.8% 有所上升，几比财政赤字占 GDP 的 4.9%，国家财政收入从 2015 年的 848 亿西非法郎增长至 859 亿西非法郎（折合约 1.3 亿欧元）。①

表 4−1　2011~2017 年几比主要经济指标统计

指标 ＼ 年份	2011	2012	2013	2014	2015	2016	2017
GDP 增长率(%)	8.085	−1.713	3.256	0.965	6.133	5.757	5.5#
GDP(10 亿美元)	1.0984	0.98933	1.0458	1.0535	1.0352	1.1642	1.279#
农业占 GDP 比重(%)	46.85	48.672	45.645	43.098	49.455	49.127	50.2#
工业占 GDP 比重(%)	12.905	14.056	14.918	15.104	13.222	13.535	13.2#
服务业占 GDP 比重(%)	40.245	37.272	39.437	41.798	37.323	37.338	36.7#
总出口离岸价 (10 亿美元)	0.23	0.13	0.21	0.2281#	0.3466#	0.377#	0.4696#
总进口到岸价 (10 亿美元)	0.26	0.25	0.24	0.2812#	0.2716#	0.2902#	0.3775#
外汇储备不包括黄金(10 亿美元)	0.27223	0.21556	0.23045	0.29174	0.3664	0.34941	0.3564#
汇率(西非法郎∶美元)	506.961	497.163	475.641	540.283	602.514	622.291	560.6#

表格由作者编制，数据来源：EIU Countrydata, https://eiu.bvdep.com/version − 20171023/cgi/template.dll? product = 101&user = ipaddress&dummy_ forcingloginisapi = 1。

\# EIU 预测值。

---

① 中华人民共和国驻几内亚比绍大使馆经济商务参赞处：《几比财政部部长称 2016 年经济增长率为 5.6%》，http://gw.mofcom.gov.cn/article/jmxw/201703/20170302543147.shtml。

二 经济结构、经济政策和经济制度

（一）结构单一、发展缓慢

几内亚比绍原是葡萄牙殖民地，长期的殖民统治造成几比经济基础异常薄弱，经济结构非常单一。1973 年几比宣告独立。独立初期，全国仅有十几家小型加工厂，工业产值只占国民生产总值的 0.5%；出口总额只等于进口总额的 8%；因连年战争，粮食不能自给；人均国民生产总值仅为 110 美元。

独立后，几比政府为重建家园、发展民族经济做了不少努力。到 1979 年，几比国民生产总值达到 1.4 亿美元，工业总产值约为 900 万美元，人均国民收入提高到约 170 美元。但是，国家主要领导人在经济建设方面脱离实际，忽视了经济基础脆弱、缺乏技术力量和管理人才的特点，采取了过激的变革措施。政府实行高度集中的计划经济，通过借外债对工业进行大量投资，想在较短的时间内引进一大批现代化企业，结果把来之不易的资金投入原料不足、缺乏市场、建成了也难以生产的项目上。另外，国家对农业重视不够，农业政策不当，用于农业的投资仅占总投资的 7%，农产品收购价格过低，不能调动农民生产的积极性，一些农村青年弃农进城寻找其他工作，加之连年干旱，农业生产一蹶不振，粮食产量逐年下降。

1980 年 11 月，维埃拉发动"调整运动"，对卡布拉尔当政时的政策进行了调整。在经济方面，新政权制定了一些发展农业的具体政策，并对工业和基本设施建设项目进行重新安排，关闭了一些亏损严重的国有企业，注意发挥私人企业的作用，调动个人积极性。维埃拉政府还实行紧缩政策，恢复财政平衡，制止通货膨胀，这些政策使国家的经济状况大为好转。1987 年，几内亚比绍政府在世界银行和国际货币基金组织的支持下制订了结构调整 3 年方案，实行经济改革，旨在取消对市场和价格的官方控制，大力发展私有经济，进一步实行贸易自由化。改革的主要措施有紧缩政府开支，削减财政赤字，减少政府对经济的干预，推行国有企业合理化，奖励出口，鼓励发展私人企业等。

经过一段时间的实践，几比的经济状况有了一定的改善，市场商品较以前有所丰富，农民的生产积极性大为提高。据非洲发展银行1999年发布的发展报告，1980～1990年，几比经济的年均增长率为9.7%。1992年，由于市场启动乏力，世界银行中止了对几比经济结构调整的财政支持，并停止了专项拨款；原宗主国葡萄牙也要求它每年偿还500万美元的债款，否则将中断双方财政合作协议、停止经济援助。这犹如雪上加霜，加之1990年代初期，多党民主风潮兴起，几比政局动荡，使其国内经济危机更加深刻，生产极为萧条。

1994年政局重新稳定后，开始执行经济结构调整计划，国际货币基金组织等国际金融机构又开始向几比提供贷款，这使几比的经济有所恢复，但财政、金融危机依然严重，当年的通货膨胀率高达110%。1997年3月，几比决定加入西非经济货币联盟，希望利用联盟内部自由、对外一致的优势，发展几比落后的经济。5月，原货币比索开始兑换西非法郎；7月底，比索作废。几比将货币改为西非法郎，以期货币稳定，财政状况改善。1997年的汇率为1美元兑换577.82西非法郎，而国内生产总值为1590亿西非法郎（折合2.7亿美元）；另据世界银行发布的1998～1999年度发展报告，几比1997年人均国民生产总值为14万西非法郎（约合240美元），在世界上排名第123位，当年的通货膨胀率为63.2%（见表4-2）。

（二）经济政策调整被动

几比的经济政策发展与调整往往受到国内政治形势的影响，非常被动。1998年，国家陷入内战，25万人流离失所，经济遭受严重破坏。据统计，内战使几比经济倒退约10年。1999年，几比经济呈恢复性增长，当年的汇率为1美元兑换615西非法郎，而国内生产总值为2.24亿美元，国内生产总值增长率为7.6%。从1999年内战开始许多政府部门就陷于瘫痪状态，大多数机构已不能提供公共服务。改组计划得到了来自葡萄牙、荷兰、欧盟和世界银行的支持，该计划从2003年1月开始实施。

2002年，几比国内发生严重旱灾，农作物大面积歉收，经济面临极大困难。2002 年 7 月 29 日，政府向议会通报，世界银行通过国际开发协会（IDA）① 向几比提供一笔为期 5 年、价值 3100 万美元的"恢复私有制及发展贷款"，其中的 1300 万美元将用于发展基础性设施。早在 2000 年底，几比就被世界银行和国际货币基金组织列入"重债穷国计划"②，但由于无法达到所规定的经济发展指标，该计划长期得不到落实，援助资金迟至 2004 年初才被解冻。2004 年，几内亚和佛得角非洲独立党重新执政后，重视发展农业，推行以水稻、腰果为主的多样化种植战略，积极促进私营经济发展，同时开源节流并加大渔政稽查力度，但因近些年连续遭受严重旱灾、蝗灾、水灾，农作物大面积歉收，几比经济仍然十分困难。

表 4 - 2 2000 ~ 2017 年几比国内生产总值及增长率

年份	2000	2001	2002	2003	2004	2005	2006	2007	2008
GDP 增长率(%)	5.427	2.189	-0.985	0.569	2.761	4.265	2.31	3.205	3.207
GDP (10 亿美元)	0.37017	0.39228	0.41584	0.47639	0.53111	0.58679	0.59183	0.69561	0.86414
年份	2009	2010	2011	2012	2013	2014	2015	2016	2017
GDP 增长率(%)	3.312	4.724	8.085	-1.713	3.256	0.965	6.133	5.757	5.5#
GDP (10 亿美元)	0.82583	0.84905	1.0984	0.98933	1.0458	1.0535	1.0352	1.1642	1.279#

表格由作者编制，数据来源：EIU Countrydata，https：//eiu. bvdep. com/version - 20171023/ cgi/template. dll？product = 101&user = ipaddress&dummy_ forcingloginisapi = 1。

EIU 预测值。

---

① 国际开发协会，International Development association，IDA。

② 1996 年，国际货币基金组织和世界银行倡议发起"重债穷国计划"，这一计划旨在减轻受援国的外债负担。

（三）经济制度发展滞后

2005 年以来，几比政府制定并实施了减贫战略，积极发展农业，推行以水稻、腰果为主的多样化种植战略。2009 年，几比政府改革财政税收政策，加强公共行政管理，努力促进经济发展。受国际金融危机影响，几比粮油价格大幅上涨。2010 年，几比政府继续坚持实施减贫战略，努力减轻债务负担，腰果出口和财政收入有所增加。2010 年 12 月，几比完成"重债穷国计划"目标，国际货币基金组织等先后宣布免除其 90% 以上的债务。2011 年，由于进口产品价格过高，通货膨胀率达到 5%，几比政府实施第二个减贫战略，腰果出口和财政收入又有所增加，全年经济形势好于预期。但 2012 年 4 月的军事政变对国民经济造成冲击，油、电供应短缺，物价再次上涨，腰果收成和贸易又受到影响，2012 年预算赤字达到国内生产总值的 2.3%。

几内亚比绍的经济前景在很大程度上依赖其政治的发展走向，频繁的政权更迭导致政界与军界之间的关系一直较为紧张，从而使经济走向呈现出不确定性。过去几年中，由国外资金援助的公共投资项目和外商投资开采的计划都因几比国内政治动荡而被延迟。比如，安哥拉和其他国家资本的退出，以及国际货币基金组织援助几比计划的暂停，都极大地阻碍了几比的经济恢复与发展，使其经济前景堪忧。虽然西非国家经济共同体、中国、尼日利亚和其他区域的合作伙伴给予了几比较大支持，但也仅能减轻其他国家资金撤离带来的影响而已。在几比，如果天气正常，谷物和腰果的生产会让农民极大获益。然而，近几年来，腰果等几比主要出口作物的外需持续低迷，加之低效的政府政策、农村基础设施薄弱，以及严重的走私等问题，抑制了农业产量的增长。例如，腰果走私至邻国塞内加尔的情况非常猖獗，走私获利很高，因此这一现象无法杜绝。2014 年 12 月 3 日，几比总理佩雷拉向国民议会递交了 2015 年国家预算报告，2015 年国家总预算约为 1450 亿西非法郎，预测 2016 年经济增长约为 4.7%。在报告中，政府规划了 2015 年的税收和经济政策。鉴于几比当时的宏观经济形势，要实现这一目标是一个很大的挑战。2015 年 3 月 25 日，几比总统瓦斯、总理佩雷拉共同参加了在布鲁塞尔举办的援助者圆桌会议。当日，欧盟宣布，已批准 1.6 亿欧元资金用于帮助几比发展项目。这是欧盟在 2014～2020 年分配给几比发展项目的资金，目的是加强几比国家法治，加快几比经济发展和与贫困做斗争。由于违反《科托努协定》（2000 年签订）中第 96 条款的内容，即一旦违反民主原则，欧盟有权中止部分或全部合作项目，几比受到欧盟制裁多年。2016 年 5 月 7 日，几比东部巴法塔区举行西非经货联盟新建农贸市场交接仪式。6 月 24 日，几比政府与西非开发银行签署了总额为 300 亿西非法郎（约 5000 万美元）的融资贷款协议。①

2017 年 5 月 19 日，国际货币基金组织工作小组结束对几比的考察访问，并宣布解冻援几比的 370 万欧元贷款。2015 年几比通过融资计划获得国际货币基金组织 2100 万欧元的贷款承诺，但由于该国的政府合法性受到国际社会质疑，国际货币基金组织等国际组织陆续冻结了对其的援助。②

几比经济发展缓慢、贫困问题严重的原因是多方面的，但其主要原因与其政治混乱紧密相关。第一，几比政局持续动荡，国内缺少长期稳定的环境来确保国家经济的发展。几比政党林立，政党数目从独立之初的一个发展到现在的数十个，各政党只顾争权夺利而忽视了国家经济的发展，更没有将主要精力投入到改善民众生活上。多次政变和内战使得国内经济发展计划落空，各项发展政策难以贯彻，经济发展陷入停滞。第二，由于长期受殖民统治，几比的经济结构极不合理，除依靠腰果、木材和渔业等出口获取一定外汇外，其他许多商品均依赖进口，几比对外贸易一直存在着严重的不平衡，几乎年年逆差。第三，严重的腐败问题不但成为几比多次政变爆发的导火索，而且也导致国家各个经济部门和企业管理水平的低下，造成国家资金严重流失。第四，几比自然资源丰富，地理、气候等条件都很适宜发展农业生产，但是由于教育和宣传

---

① 中华人民共和国驻几内亚比绍大使馆经济商务参赞处：《西非开发银行向几比提供 300 亿非洲法郎融资贷款》，http://gw.mofcom.gov.cn/article/jmxw/201606/20160601349997.shtml。

② 中华人民共和国驻几内亚比绍大使馆经济商务参赞处：《国际货币基金宣布解冻 370 万欧元援几比贷款》，http://gw.mofcom.gov.cn/article/jmxw/201705/20170502580548.shtml。

力度不够，加之传统思维的影响和生产方式的落后，靠天吃饭和缺乏进取心成为国民普遍的习性。第五，由于各种因素国际社会对几比的援助经常中断或难以及时到位，导致几比不能获得持续有效和有保障的外援。

值得庆幸的是，2014 年大选后，几比的经济状况已略有起色。展望未来，随着政治走向稳定，公共投资计划的落实，外国投资者的回归，以及国际援助的恢复，几比经济将逐渐获得发展。

第二节　农牧业

一　农业

（一）农业现状

几内亚比绍总面积 36125 平方千米，人口平均密度为 34 人/平方千米，农村人口占 75%，城市人口主要集中在首都比绍。农村广大地区人口稀少，土地广袤，地势平坦，土壤肥沃，有大量适合耕种的土地，全国随处可见面积上百公顷的平地，且境内河流密布，地下水资源丰富。几比 6～10 月是雨季，11～5 月是旱季，全国年均降雨量在 2000 毫米左右，平均气温为 25℃，日照充足，粮食、蔬菜和其他作物在旱、雨两季皆可生长。几比具有优越的发展农业的自然条件。

农业是几内亚比绍国民经济的主要组成部分，占整个经济的一半左右（见表 4 - 3）。国内 85% 以上的人口和 3/4 的劳动力均以农业和牧业为生，其中巴兰特人一直以"出色的种稻能手"而著称。全国可耕地面积占国土总面积的 1/3，约 90 万公顷，已耕地约 45.4 万公顷。2015 年农业产值约占国内生产总值的 45%。①

---

① 《几内亚比绍国家概况》，http://www.fmprc.gov.cn/web/gjhdq_ 676201/gj_ 676203/fz_ 677316/1206_ 677752/1206x0_ 677754/。

表 4 - 3   几比 2001～2017 年农业产值

单位：百万西非法郎

2001 年	2002 年	2003 年	2004 年	2005 年	2006 年
118889.00	118517.00	123700.00	121540.00	136594.00	135038.00

2007 年	2008 年	2009 年	2010 年	2011 年	2012 年
138375.00	143738.00	148960.00	150036.00	164368.00	164281.89

2013 年	2014 年	2015 年	2016 年	2017 年
170407.00	159367.86	164041.70#	172727.00#	186199.70#

表格由作者编制，数据来源：EIU Countrydata，https：//eiu. bvdep. com/version - 20171023/ cgi/template. dll? product = 101&user = ipaddress&dummy_ forcingloginisapi = 1。

EIU 预测值。

几比的自然环境对发展农业有利，几比的土壤主要为火山岩形成的红沙土和新冲积土。前者通气性好但肥力差，适合种植花生、玉米、薯类等作物；后者肥力较好，适合种植水稻等粮食作物。几比是一个较为典型的农业国。几比的主要农作物有水稻、木薯、豆类、马铃薯、甘薯、高粱、玉米、水果等，其中稻谷种植面积最大，约占已耕地的 1/3（见表 4 - 4）。大米是几内亚比绍人的主食，因此稻谷在农业生产中占有重要地位。稻谷品种主要有红树林稻谷（又称咸水稻，指种植在红树林生态区的水稻）、水稻和旱稻 3 种类型，大部分地区只在雨季种植一季。通巴利南部地区的稻谷产量占全国稻谷总产量的 70% 左右。1998 年内战前，几比每年稻谷产量约为 7 万吨，在收成好的年份里部分稻谷还用于出口以赚取外汇。1977 年、1979～1980 年和 1983 年的旱灾使得稻谷产量大幅下降，致使 1986 年、1987 年粮食缺口约为 1.7 万吨。1989 年，由于 1988～1989 年的蝗灾和旱灾，使得几内亚比绍缺粮达 16.57 万吨。1990 年也是个少雨的年份，谷类产量从 1990 年的 25.04 万吨降至 1991 年的 10.47 万吨，降幅达 58.2%。在 1998 年，谷类产量恢复到了 18.3 万吨。20 世纪 90 年代末期以来，几比大米的进口量大幅增加，占到国内大米消费量的 40% 左右，这使得国内水稻的生产更为萧条。

表 4 - 4 几比主要农作物生产情况

年 份	收获面积(千公顷)		单产(十万克/公顷)		产量(千吨)			
	合计	年增长(%)	合计	年增长(%)	合计		年增长(%)	
	2011	2000~2011	2011	2000~2011	2010	2011	1990~2000	2000~2011
谷 物	159.6	-0.1	14.9	2.8	256.6	237.7	0.6	2.7
粗 粮	53.3	-5.3	8.1	-0.3	47.4	43.0	5.0	-5.6
水 稻	106.3	3.3	18.3	2.3	209.2	194.7	-1.5	5.7
油料作物	54.8	3.4	4.6	-1.6	26.6	25.3	1.6	1.7
豆 类	9.3	8.1	3.6	-4.3	3.3	3.4	0.3	3.5
薯 类	21.2	4.6	87.7	1.2	161.3	184.6	3.5	5.9
蔬 菜	5.8	1.7	59.6	1.1	37.0	34.6	2.0	2.8
坚 果	222.5	0.5	5.8	4.8	108.0	128.7	9.3	5.3
水 果	22.9	0.9	43.7	1.1	96.2	100.1	2.7	2.1
柑 橘	2.0	-2.1	52.5	2.4	10.1	10.3	3.4	0.2
纤维作物	4.7	4.5	3.2	-2.6	1.5	1.5	2.1	1.8

表格由作者编制，数据来源：Food and Agriculture Organization of the United Nations Regional Office for Africa：*FAO STATISTICAL YEARBOOK2014 Africa Food and Agriculture Food*，2014，p. 94 - 106，http：//www. fao. org/africa/resources/en/。

1999 年以后，受国内政治动乱的影响，稻谷生产面积减少，产量降低。据联合国粮农组织数据，几比 27% 的儿童患有慢性营养不良，5% 的农村人口有不良饮食习惯，20% 居住在农村地区的人粮食短缺。2012 年军事政变以后，几比近 1/3 的家庭生活在中度或严重粮食短缺的状态之中，全国营养不良的情况日益严重。2011 年，由欧盟和葡萄牙贾梅士合作与语言研究所共同资助的几比食品安全分配计划（PDSA）开始执行，2014 年 1 月结束。计划包括为各社区提供水稻种子和培训农业技术人员，目标是让几比每个社区农业生产自给自足，以结束粮食短缺现象。计划实施以来，几比水稻产量增长了 10 倍，目前已有 50 万人的生活得到了改善。2015 年 10 月，根据联合国粮农组织 2015/2016 季几比农产品调查报告，预计几比 2015 年水稻生产的增幅较 2014 年上升约 28%，但仍低于过去五年的平均水平。报告称，

2015 年几比水稻产量可能达到 17 万吨，比 2014 年同期增加 28.1%，但仍然比过去五年的平均产量低 8.9%。除了水稻产量的增加外，销售价格也有所上升，根据大米的不同品种，每公斤在 350～600 西非法郎，而 2014 年大米每公斤的价格为 250～350 西非法郎（0.43 美元至 0.6 美元）。几比木薯和红薯产量较 2014 年同期分别增加 59.9% 和 61.6%。其产值相对过去五年的平均值分别增加 95% 和 117%。豆类作物的种植面积也增加了，例如花生和豇豆分别增加 39% 和 28.7%，2014 年种植面积比过去五年的平均值增加 89% 和 41%。

几比稻谷基本只在雨季种植一季，播种时间从 6 月上旬持续到 9 月中旬。巴法塔省由于灌溉条件较好，可以在 1 月中下旬的旱季开始播种稻谷。[①] 目前，几比稻谷生产存在的问题主要有两个。其一，农田基础设施落后。几比的农业生产以家庭为单位，社会组织化程度极低，农田基础设施建设基本处于停滞状态。水稻区几乎没有人工开挖的灌溉沟渠，生产用水主要依靠降雨。旱稻区由于采用烧林开荒，土地高低不平，田间水凼与小丘并存，稻谷生长极不整齐。除极少数地区能种植稻谷外，其余地区在旱季无法进行农业生产。临海地区由于海防堤年久失修，一遇涨潮极易发生海水渗漏或倒灌。其二，生产技术落后。几比自然条件优越，但几比的稻谷生产，无论品种还是栽培措施都相当落后。几比国内没有种子公司，农民缺乏留种与培育种子的知识，稻谷品种纯度很差，在栽植过程中，浮秧、死秧、缺窝现象严重，由于缺少田间管理，田中杂草丛生。几比的稻谷生产基本不施用肥料，稻谷所需矿物质元素完全依靠土壤提供，因此稻谷生长养分严重不足，产量极低，每公顷仅能收获 1～2 吨。

虽然几比地理、气候等条件都很适宜发展农业生产，但是生产方式落后，始终以人力劳动为主，缺乏现代化生产手段，加上国家财力有限，又经常遭受干旱、虫害等自然灾害，同时，弃农经商的人数不断增多，导致

---

① 朱穆君、唐章林、居朝清、卢远华、杨恒：《几内亚比绍稻谷生产考察及中国援助工作的反思》，《世界农业》2012 年第 10 期。

农业发展受到很大的制约，粮食不能自给，进口量一直保持在每年 5 万～8 万吨。农业种植技术原始、粗放，产量低，因而以传统种植方法生产，根本无法满足国内粮食需求。为了增加出口以赚取外汇，几比政府十分重视发展各种经济作物（见表 4-5），其主要的经济作物有花生、腰果、棉花、棕榈仁、椰干等。花生是几内亚比绍传统出口作物。1977 年，花生出口量为 16335 吨，占出口总产值的 60%；但到 1992 年，出口量降至400 吨。据国际货币基金组织的统计，1993 年几比暂时停止对外出口花生，之后又慢慢恢复了花生的出口。几比的棕榈产品主要集中在其沿海地区和小岛上。1983 年，棕榈仁的出口量为 10600 吨，价值 130 万美元；但到 1994 年，降至 800 吨，价值约为 10 万美元。

表 4-5 几比油籽、糖和蜂蜜总贸易量

单位：千吨

油籽				糖和蜂蜜			
进口		出口		进口		出口	
2000 年	2011 年	2000 年	2011 年	2000 年	2011 年	2000 年	2011 年
0.0	0.6	3.7	0.0	11.1	12.7	0.0	9.2

表格由作者编制，数据来源：Food and Agriculture Organization of the United Nations Regional Office for Africa：*FAO STATISTICAL YEARBOOK2014：Africa Food and Agriculture Food*，p. 112，http：//www. fao. org/africa/resources/en/。

腰果是几比对外出口的主要产品和经济支柱。几比腰果也是世界品质最好的腰果之一，生腰果果仁产出率优于许多其他出口国，在国际市场上获得普遍认可。2011 年，在全球经济危机下，几比经济增长超过预期，国家经济增长率为 5.3%，这得益于腰果产量达到历史最高水平，腰果出口量约为 17.4 万吨，其出口额占几比出口总额的98%，创历史最高纪录，带来 2.26 亿美元的收入。近十年来，腰果产业已成为几比最重要的经济支柱，产量逐年增加，种植规模达到 30 万公顷。目前，85% 的腰果种植园属于农户家庭式小规模型，这构成几比腰果种植的基本模式，全国有 25 万农户、100 多万人参与腰果种植。腰果种植面积占全国领土的 4.8% ，超过其他生产国平均 2% 的水平。1996～2011 年，几比的腰果产量从 3.9 万吨增加到 20 万吨，每年以 10% 的速度增长，其中 51.2% 属于近几年开发种植，尚未实现更大的生产力。2012 年，几比腰果产量约 13 万吨，创汇约 1.3 亿美元。几比已成为世界第七大、非洲第三大腰果生产国。但由于缺乏加工能力和投资，几比出口的腰果几乎全部未经加工，国内加工能力甚至没有达到腰果产量的 15% 。腰果大部分都销往印度。几比人以食用大米为主，占出口总值 95% 以上的腰果出口，均以不同形式换了大米。根据几比腰果局数据，2016 年几比腰果出口量为 18 万吨，预测 2017 年将达到 20 万吨。[①]

几比是世界上最贫穷的国家之一，由于缺乏资金，几内亚比绍只有 3 个大型腰果加工厂，2012 年经过改善加工设备，腰果的年总加工产量由原来的 7500 吨增加到 15500 吨（见表 4－6）。此外，几比因塔亚集团在布拉地区的加工厂及另一家外国公司投资的 4 个加工厂也陆续投入生产，每个加工厂年产量约 2000 吨，共计约 10000 吨/年。另外，安曼几比公司建设了一个产量约 5000 吨/年的加工厂，因此，几比腰果目前的年加工总量约 30500 吨/年。近几年来，几比政府极其重视腰果生产和加工产业。几比腰果协会还向世界银行递交了一份《在几比当地进行腰果加工的可行性研究报告》，报告指出：在几比当地进行腰果加工具有优越条件，潜力巨大，欢迎和鼓励腰果领域及其他经济领域的企业家，到几比开发腰果加工产业。几比要逐渐改变以出口带壳腰果为主的状态，走腰果加工、深加工，以增加附加值收入的道路。几比政府的举措是制定相关投资政策，即腰果大规模工业化加工优惠政策，以增加腰果加工产量，为几比社会经济发展创造财富和就业机会，改善几比人民的生活条件。目前，从事腰果加工业的员工男女比例为：女性 60% 多，男性 39% 多。

2014 年 12 月，几比贸易部举办了腰果经济战略研讨会，与会者指出

[①] 中华人民共和国驻几内亚比绍大使馆经济商务参赞处：《几比将从 2017 年开始实施新的腰果出口规定》，http：//gw. mofcom. gov. cn/article/jmxw/201704/20170402554007. shtml。

阻碍腰果产业健康发展的四大因素为：产区运输道路条件差，出口税偏高，腰果与大米不是等价交换，政府监管不到位。2014 年，几比腰果（原果）出口 136584 吨，获得财政收入 1.37 亿美元，但同年腰果非法出口导致财政收入损失约 6000 万美元，其中在比绍港口截获非法出口约 2 万吨，在北部与塞内加尔接壤的边界查获约 7 万吨。2015 年，几比采取更加严厉的监管措施，以把这些流失资产纳入财政收入，2015 年几比腰果出口 17.5 万吨，[①] 出口额为 2.574 亿美元[②]。2016 年 9 月 19～22 日，第十届非洲腰果联盟大会在比绍召开，本届会议的主题为"转型的十年"。来自 30 多个国家的腰果生产商、贸易商及有关促进机构、协会等组织的代表 200 余人出席了大会。据几比贸易与手工业部预测，2016 年几比腰果出口将超过 20 万吨，[③] 随着国际市场对腰果仁需求的增多，腰果出口价格已经达到 600～650 西非法郎/公斤的高价。[④]

表 4 - 6　2005～2012 年腰果出口额[*]

单位：百万美元

年份	2005a	2006b	2007b	2008c	2009	2010	2011	2012
腰果	93.5	60.2	81.4	107.9	97.0	103.2	203.4	130.1

数据来源：The Economist Intelligence Unit Limited，*Country Report：Guinea-Bissau*，2008 - 2014.
[a]IMF 估算数据；[b]法兰西银行估算数据；[c]来自合作伙伴的贸易收益。

在政府的发展计划中，农业一直居于优先发展的地位，其目标就是实现粮食的自给自足。经过努力，现在一座年产量达 1 万吨、足以满足国内需要的炼糖厂已在甘比尔地区（Gambiel）建设投产，该糖厂所需原料来

---

① 中华人民共和国驻几内亚比绍大使馆经济商务参赞处：《截至目前几比腰果出口约 5 万吨》，http：//gw. mofcom. gov. cn/article/jmxw/201606/20160601346443. shtml。

② The Economist Intelligence Unit Limited，*Country Report：Guinea-Bissau*，2017.

③ 中华人民共和国驻几内亚比绍大使馆经济商务参赞处：《第十届非洲腰果联盟大会在比绍举行》，http：//gw. mofcom. gov. cn/article/jmxw/201609/20160901398480. shtml。

④ 中华人民共和国驻几内亚比绍大使馆经济商务参赞处：《几比腰果今年出口价格每公斤高达 600～650 西非法郎》，http：//gw. mofcom. gov. cn/article/jmxw/201606/20160601344157. shtml。

自一处占地 6000 公顷的种植园；卡梅鲁地区（Cumere）的一个工农复合型种植园，每年可加工 5 万吨大米和 7 万吨花生。以上这些企业与一座热电站一起共计投资约 2 亿美元，大部分投资来自国外。尽管如此，几比仍是全球最穷的国家之一，基础设施极差，人力资源贫乏，农业投入不够，没有组织化的农业生产，耕作方式原始，因此虽然几内亚比绍历届政府将保障全国人口的粮食供应（主要是粮食进口）作为头等大事来抓，但仍未从根本上解决全国人民"吃饭"的问题，每年都会存有不同程度的"粮荒"。

（二）土地使用

独立时，政府把在几内亚比绍的葡萄牙人的财产没收充公，并由国家控制对外贸易，而国内的零售业全部由"人民商店"（people's shops）经营，但这些职能机构存在腐败且效率低下，1980 年路·卡布拉尔统治时，国内消费品严重短缺，这直接导致了当年路·卡布拉尔政权的垮台。1983～1984 年，政府把一部分国有贸易公司私有化；同时为了促进农业生产，把农产品价格上涨了 70% 左右。虽然政府采取了这些举措，但绝大多数产品的买卖仍旧由政府掌握和控制。直到 1987 年，为了扩大国内市场机制的自由化程度，政府加快取消了除基本物资之外大多数农产品的价格控制。1992 年，政府解散了人民民兵部队（the people's militia），这是一个负责监控国内经济运作的准军事组织。由于"谁开垦谁占有"的传统习惯，以及没有出台土地政策和法规，几比现有土地几乎全部被私人占有。政府征用土地，会遇上土地所有权问题，而土地使用者从不向国家交纳土地使用税。几比政府近年来采取措施加强对国土资源的管理，拟把全国的土地收归国有，以便合理开发和使用国土资源。

目前，几比欢迎外国企业投资开发农业。为吸引外资，几比政府成立了"几比投资促进局"，其宗旨是促进投资、改善投资和营商环境，加强投资方的社会责任，开发人力资源和完善风险投资法律保障体系等，为外国投资者提供帮助。为鼓励外资投向农业，几比政府提供各种优惠政策。如土地使用的优惠，减免税赋，农机和其他生产物资进口免税等。按照几比有关法律，土地可以买卖，也可以租赁，但须经几比政府部长会议批准，外国企业如购买可耕地，购买面积不得少于 100 公顷。由于几比目前的法律法规尚不健全，各种优惠和便利条件均可以谈判和协商。据初步了解，几比可耕地的购买价格为每公顷约 10 万西非法郎，折合约 200 美元；外国企业若租赁可耕地，租期分 50 年和 90 年两种，租金根据具体情况由租赁双方磋商而定。

(三) 农业前景

几比原是西非经济货币联盟中唯一出产稻谷的国家，而目前自产大米仅能满足部分本国需求。在几比以及周边国家，大米是主要粮食，各成员国都采取降低关税等措施，以保障大米的进口，如几比把大米的进口关税从 20% 降到 10%。长期以来，本国自产农产品短缺，市场销售的粮食和蔬菜（如大米、面粉、土豆、洋葱、圆白菜等）皆是进口产品。纯粹的农业生产投入大，经济效益却不高。今后，几比农业经营方式必须以粮为主，多种经营为辅，并大力发展加工业和养殖业，如加工稻谷、腰果、木薯、水果，养殖牛、羊、猪等。农、工、商一体化经营是今后发展的必由之路。[1]

2013 年 5 月，由联合国粮农组织投资 5 亿西非法郎，在几比、多哥和尼日尔三国和西非经货联盟总部完成国家统计，即建立国家粮食、农业统计网站。几比农业与农村发展部和渔业与渔业资源部建立了官方网站，网址：www. countrystat. org/gn。该网站应及时报道几比农业新闻并完成几比粮食和农业数据统计等。2014 年 3 月，一项由联合国粮农组织基金和日本共同援助、名为 "加强最弱势群体的生计" 的农业援助项目为几比等 4 个西非国家投资 200 万美元，特别支持这些国家小规模家庭式农业生产，向农民和农场主提供农业机械，提高生产技术，以增强

---

[1] 中华人民共和国驻几内亚比绍大使馆经济商务参赞处：《几比农业发展前景》，http://gw. mofcom. gov. cn/article/ztdy/200301/20030100064956. shtml。

这些国家的农业竞争力，保障粮食安全。① 2014 年 3 月 29 日，由欧盟、法国开发署、法国国际团结委员会共同资助的"改善几比粮食安全，促进农业和林业发展"项目正式在几比奥约地区实施。该项目为期三年，共投资 4.15 亿西非法郎。该项目还为当地 30 个村庄的妇女和青年创造约 180 个就业岗位，具体目标为：在当地成立农产品加工创新技术示范点，有效控制农产品质量；帮助建立销售渠道，实现农产品运输机械化。② 5 月 22 日，世界银行批准向几内亚比绍贷款 820 万美元，主要用于支持种植腰果、大米和其他私营企业的创业。8 月 27 日，几比农业与农村发展部和内政部联合签署一份免征部分农、林、畜牧业产品销售税的法令。根据法令，免税商品为国内产品，包括煤炭、棕榈油、蜂蜜，以及家禽、家畜等，同时也免除橙子、花生、大米和玉米等农副产品的销售税收。

2015 年 2 月，欧盟宣布向几比援助 1500 万欧元，支持几比的农村发展项目，目的是帮助几比良好施政、挖掘农业潜力、发展社会经济以及粮食自主供应等。③ 3 月 30 日，几比与国际农业发展基金（IFAD）签署一项农业资助协议。国际农业发展基金向几比提供 1900 万美元，以发展几比部分地区的农业项目。该资金主要支持几比的基纳拉省、通巴利省和比热戈斯群岛地区的水稻种植和牲畜养殖。项目从 2015 年 6 月开始实施，期限为六年。④ 2015 年 11 月，几比政府向北部地区卡谢乌的 6 个农业单位划拨 1.5 亿西非法郎（约 24.9 万美元），以帮助当地农民增加收入。⑤ 11 月 19 日，几比农业与农村发展部部长若昂·佩雷拉表示，几比是农业

---

① 中华人民共和国驻几内亚比绍大使馆经济商务参赞处：《几比将受惠于粮农组织和日本的农业扶持政策》，http：//gw. mofcom. gov. cn/article/jmxw/201403/20140300521585. shtml。

② 中华人民共和国驻几内亚比绍大使馆经济商务参赞处：《欧盟支持几比奥约地区农产品加工》，http：//gw. mofcom. gov. cn/article/jmxw/201403/20140300535366. shtml。

③ 中华人民共和国商务部：《欧盟支持几比农村发展》，http：//www. mofcom. gov. cn/article/i/jyjl/k/201502/20150200890075. shtml。

④ 中华人民共和国驻几内亚比绍大使馆经济商务参赞处：《国际农业发展基金将资助几比 1900 万美元》，http：//gw. mofcom. gov. cn/article/jmxw/201503/20150300929125. shtml。

⑤ 中华人民共和国商务部：《几比向农户发放小型贷款以鼓励农业生产》，http：//www. mofcom. gov. cn/article/i/jyjl/k/201511/20151101159343. shtml。

国家，应鼓励粮食生产，以实现到 2020 年国家不再进口粮食的目标。几比需要 2.54 亿欧元预算发展农业。① 12 月 9 日，几比总统瓦斯在比绍强调，水稻生产是 2016 年重点发展领域，目的是确保几比粮食自给自足。为了鼓励更多的人投入农业生产，瓦斯总统承诺从明年开始，他每周将尽可能地抽出三天时间（周五、周六、周日）在田间指导工作，以促使几比大米产量增加。

2016 年 6 月 11 日，几比政府通过"粮食安全紧急援助项目"向几比南部省基纳拉和通巴利地区农民赠送一批农业工具（锄头、靶子、铁锹等）和 31 台耕犁机，该物资主要用于几比农田整治，改善农民生产条件。② 2017 年 2 月，欧盟驻几比代表处宣布，在欧盟项目"社区农业综合发展行动"框架下，欧盟将向几比巴法塔、基纳拉和通巴利 3 个行政区提供 75 万欧元，主要帮助以上地区农业发展，促进农产品生产的多元化。③

目前，在几比开展农业投资合作存在许多制约因素。第一，政策环境差。几比政局不稳，法律不健全，政策多变，信誉差，对外资缺乏保障，且政府参与程度低，财力有限，官员腐败，服务质量和效率低。例如：葡萄牙水晶牌啤酒生产企业几年前曾在比绍独资建厂，但工厂建成后，因国内发生内战未能开工生产。内战结束后，资方欲恢复生产，但几比政府却要求无偿占有该厂 30% 的股权。由于双方未能达成协议，导致企业至今未能投产，变成了一堆废铜烂铁，给投资方造成了严重的经济损失。第二，基础设施落后。没有农田水利设施，基本靠天吃饭，生产资料全部依赖进口，价格昂贵，生产成本高。几比现仅有 40 辆拖拉机可以进行大面积农田的机械化耕作，有少量中耕机支持农村社区的较小农田，以

---

① 中华人民共和国商务部：《几比农业部部长：国家农业发展需要 2.54 亿欧元》，http：// www. mofcom. gov. cn/article/i/jyjl/k/201511/20151101193310. shtml。

② 中华人民共和国驻几内亚比绍大使馆经济商务参赞处：《几比南部地区农民获赠小型农机具和生产工具》，http：// gw. mofcom. gov. cn/article/jmxw/201606/20160601348813. shtml。

③ 中华人民共和国驻几内亚比绍大使馆经济商务参赞处：《欧盟将向几比提供 75 万欧元助其发展农业》，http：// gw. mofcom. gov. cn/article/jmxw/201702/20170202509397. shtml。

及少量机动泵和水稻脱壳机。交通通信设施落后，道路年久失修，全国没有一条完整的柏油公路，港口、机场设施破旧，吞吐能力差，没有国际班轮和航班，进出口货物及人员出入境都须几经中转，费用较高。能源短缺，电力严重不足，全国基本上无国家发电厂，单位和居民用电主要依靠自己想办法发电。第三，消费能力低。几比国民经济总量小，国家财政困难，赤字严重，长期依赖外援。几比人口少，市场容量小，民众生活困难，收入微薄，购买力不强。第四，劳动力素质差。几比教育落后，基础教育薄弱，大专院校少，民众受教育程度低，当地农民文化水平差，技术推广进展缓慢，各类专业人才短缺，生产效率低下。中国一些企业经过对几比农业发展现状及其吸引外资政策和投资环境的综合分析后，有对几比农业进行投资的意愿，以实现中几两国的互利共赢。中国一些企业可以来几比尝试性兴办独资农场，从事水稻、腰果种植和香蕉、木瓜、菠萝等热带水果种植，其产品应主要瞄准国际市场。如果可行，再进行大规模投资合作。

二 渔业

几内亚比绍海岸线约 300 千米，其沿海岛屿约有 60 个，沿海大陆架长 160 千米。其海域受冷暖海水交流的影响，水温很适宜鱼类的繁殖和生长，加之又是多条内河的入海口，多营养物质，因此，几比的渔业资源很丰富，年约 140 万吨，年捕捞量可达 30 万 ~ 35 万吨，其中有鳞鱼约 20 万吨，头足类软体鱼约 2000 吨，对虾约 5000 吨，龙虾约 5000 吨，蟹类约 500 吨。目前实际年捕捞量在 3 万吨左右。几比海域鱼类种类较多，达 170 多种，经常捕获的主要经济鱼种有 50 种左右，包括鲍、花鲷、鳎、对虾、章鱼等。

从 20 世纪 70 年代末开始，几比渔业迅速发展起来。但由于缺乏现代化捕捞工具，当地渔民多为手工操作，水产品的产量不高。1989 年，几比共有 1200 艘捕鱼船，其中 20% 的船装有马达，这些渔船每年捕捞量为 1 万多吨。1995 年的捕捞量还不足估计产量（25 万吨）的 10%。据几比渔业部门 1996 年的调查估计，渔船的数量当年已增至 2500 艘，其中 25%

的船装上了马达，每年捕鱼量能达 5.2 万吨（见表 4 - 7）。手工捕获的鱼约 50% 由妇女在市场上以鲜鱼销售，余下的 50% 被加工，大致有三种加工的鱼制品：一种是熏鱼（主要在南部地区）；一种是去掉内脏，在晾干之前轻微发酵的鱼制品（主要是在北方地区）；还有一种是鱼干。全国鱼的消费为每人每年 5.4 公斤，市场供应良好。大量的鱼、虾和鱼制品出口到邻国，主要是几内亚和塞内加尔（见表 4 - 8）。此外，还有加纳和塞拉利昂的商人将一些鱼类货物运往内陆出售，远达马里。少量冷冻和新鲜的鱼虾空运出口到欧洲。鱼的进口仅限于一些腌制或熏制的高技术产品，供应当地的外国人消费。①

表 4 - 7　几比渔业产量

单位：千吨

合计		内陆捕捞	海洋捕捞	2000 ~ 2011 年增长(%)
2010 年	2011 年	2011 年	2011 年	
6.8	6.8	0.1	6.6	0.6

表格由作者编制，数据来源：Food and Agriculture Organization of the United Nations Regional Office for Africa: *FAO STATISTICAL YEARBOOK2014*: *Africa Food and Agriculture Food*, p. 110, http://www.fao.org/africa/resources/en/。

　　几比是大西洋东部国家渔业委员会的成员国。几比政府对专属经济区范围内的海域实行严格的渔业管理，执行禁渔区线制度、幼鱼比例检查制度和海上监护制度。在禁渔区线以东严禁外国持证渔船进入捕鱼，违者罚款。渔获物中体长 15 厘米以下的幼鱼不得超过 30%，否则罚款。几比的沿海地区有 4000 ~ 5000 人以捕鱼为生，但本国没有大型捕鱼船队。渔民的渔船多为载重量 1 吨左右的小舢板或独木舟，主要在国内水域从事作业，政府对禁渔区以西专属经济区范围内的海域，向外国渔船出售捕鱼许可证，收费标准一般为渔船每吨位收费 220 ~ 360 美元/年。海产品的出口和向外国人发放捕鱼许可证是几比外汇收入的重要来源，每年发放捕鱼许

---

① 卢远华、朱穆君、杨恒、Marcelino Waz、Julio Malam：《几内亚比绍共和国农业生产现状》，《农业开发与装备》2012 年第 6 期。

可证收入约为 920 万美元。根据几比渔业与海洋经济国务秘书处起草的
《2015 渔业管理规划》，几比没有自己的渔船队，作业采用的渔船均来自
欧盟、中国等国家。2009～2013 年，几比渔业捕捞量超过 30 万吨。根据
文件，小型中上层鱼类约占总产量的 61.7%，底层鱼类约占 32.7%、头
足类生物占 3.8%，甲壳类生物占 1.9%。[1] 2014 年 1 月 27 日，几比渔业
与渔业资源部宣布该部从即日起创建新网站——www. minpesca-gw. org。创
建该网站是为了向潜在投资者提供几比的渔业资源、海洋生物、渔业行政
管理等各种信息，向民众公布国家和国际渔业活动的进展情况，提高渔业
管理的透明度。2015 年 9 月 9 日，欧洲议会通过了欧盟和几比新的渔业合
作协定。该协议规定，几比允许来自西班牙、意大利、葡萄牙、法国和希
腊的船只在几比海域内进行捕捞作业，为期 3 年。几比每年获得 920 万欧
元，其中 620 万欧元为发放捕捞证收入，300 万欧元为支持几比渔业发展资
金。2015 年，几比的鱼虾出口额达到 100 万美元。[2] 为了加强在专属经济
区的管控能力，大力打击非法捕捞作业，提高国家渔业经济的增长，2016
年 3 月 9 日，几比举行"马内号"海上护卫艇（Ndjamba Mané）接收仪
式，几比政府和欧盟达成协议，欧盟将从西班牙不来梅造船厂购买三艘护
卫艇给几比政府，专门执行专属经济区海上侦察任务。[3]

表 4 - 8　几比 2005～2012 年鱼虾出口额[*]

单位：百万美元

年份	2005a	2006b	2007b	2008[c]	2009	2010	2011	2012
鱼虾	0.7	0.2	0.4	5.6	5.9	6.6	7.6	7.8

资料来源：The Economist Intelligence Unit Limited, *Country Report*: *Guinea-Bissau*, 2008 -
2014。

[a] IMF 估算数据；[b] 法兰西银行估算数据；[c] 来自合作伙伴的贸易收益。

---

[1]　中华人民共和国驻几内亚比绍大使馆经济商务参赞处：《几比 2009～2013 年捕鱼量超过
　　30 万吨》，http：//gw. mofcom. gov. cn/article/jmxw/201509/20150901113271. shtml。

[2]　The Economist Intelligence Unit Limited, *Country Report*: *Guinea-Bissau*, 4th Quarter 2017.

[3]　中华人民共和国驻几内亚比绍大使馆经济商务参赞处：《欧盟援助几比一艘海上护卫
　　艇》，http：//gw. mofcom. gov. cn/article/jmxw/201603/20160301272927. shtml。

中国与几比的渔业合作已有30多年，早期的合作是两国政府间的合作，1990年两国断交，政府间的渔业合作改由中水公司与几比政府合作，一直是通过购买捕鱼许可证在几比海域进行捕捞作业。通过30多年的合作，几比政府在财政收入、鱼货市场供应和人员就业等方面均有较大受益；中水公司也从中获取了丰厚的经济利益，捕捞渔船由合作之初的4艘增长到24艘。中水公司每年向几比市场供应超过1000吨的鱼产品，帮助几比缓解就业及当地鱼货供应不足等问题，公司还坚持不定时地组织社会公益活动，在改善当地就业、培训、供应鱼货等方面做出了贡献。但中国与几比的渔业合作也经常出现问题，主要是几比政局不稳，政策多变，法律不健全，这些不确定因素给中国企业的生产经营带来很大困难。合作30多年来，几比方多次以中水公司违规作业为由抓扣中水渔船，并处以高额罚金和没收鱼货，使中国企业蒙受重大损失。因此，目前中国不宜在几比渔业领域从事大规模投资合作行动。建议可推动中国少量企业来几比兴办一些独资海水养殖场，从事养虾、养蟹等海水养殖尝试，其产品应主要瞄准国际市场。进而再与几比当地政府与企业进行大规模投资合作。

三　畜牧业

几内亚比绍政府很重视畜牧业的发展。几比温湿的气候非常有利于植物的生长，广阔的热带草原和丘陵山坡是天然的优质草场。全国约有300万公顷适合发展畜牧业的天然牧场，农业人口的20%从事传统的畜牧业，内地的巴兰特族和穆斯林就以放牧为生，其余80%为家庭定居饲养。奥约省与加布省是几比畜牧业大省。

几比的地理环境决定了其境内野生动物多属水栖动物，包括鳄鱼、蛇、鹈鹕、火烈鸟等；而热带稀树草原上则适宜生存瞪羚、豹和鬣狗等，政府颁布了专门的法令保护森林中的各种珍贵动物。其牲畜种类主要是热带的肉牛、奶牛、山羊、绵羊、马、驴、猪等。畜牧业产值约占国内生产总值的15%（见表4-9）。几比没有规模化的家畜家禽饲养场和饲料加工厂，家畜家禽都是自然放养，各种流行性病害不能控制,对畜牧业影响很大。近年养鸡的家庭和鸡的数量稍有增加,养鸭数量变化不大。近年来几比政局动荡,自然灾害频繁,对国际社会援助的依赖性增加,粮食产量逐年下降,加之病害的流行,导致畜牧业逐年衰退。[①]

表4-9　几比肉类、蛋总产量

	2011年(千吨)	2000~2011年增长(%)
总体	25.8	3.3
牛肉	6.5	3.4
猪肉	15.0	3.2
羊肉	2.4	3.7
家禽	1.9	4.3
鸡蛋	1.4	3.2

资料来源:Food and Agriculture Organization of the United Nations Regional Office for Africa: *FAO STATISTICAL YEARBOOK2014*: *Africa Food and Agriculture Food*, pp.108 - 109, http://www.fao.org/africa/resources/en/。

2014年11月12日,几比北部边境城市比格内(Bigene)举行"跨边境牲畜交易市场"开工奠基仪式,该项目由西非经货联盟援助,总投资为5.1亿西非法郎,包括修复比绍市屠宰场在内。牲畜交易市场将促进区域贸易量,并有助于减少贫困和加强区域经济一体化发展(见表4-10)。比绍市屠宰场的修复也将规范宰杀程序,降低疾病传播。该组织负责区域农牧产品产量及销售,如水稻、玉米、棉花、畜禽等,以保障区域食品安全。

---

① 卢远华、朱穆君、杨恒、Marcelino Waz、Julio Malam:《几内亚比绍共和国农业生产现状》,《农业开发与装备》2012年第6期。

表 4 - 10　几内亚比绍肉类和奶制品总贸易量

单位：千吨

肉类				奶制品			
进口		出口		进口		出口	
2000 年	2011 年	2000 年	2011 年	2000 年	2011 年	2000 年	2011 年
1.0	1.5	0.0	0.0	3.1	7.0	0.0	0.0

资料来源：Food and Agriculture Organization of the United Nations Regional Office for Africa：*FAO STATISTICAL YEARBOOK 2014*：*Africa Food and Agriculture Food*，p. 113，http：//www. fao. org/africa/resources/en/。

四　林　业

几内亚比绍森林资源丰富，以往葡萄牙人在当地主要从事黑奴贩卖活动，对原始森林没有进行大规模的采伐，因而其原始森林保持得比较完好。几比盛产优质木材，木材已成为其重要的出口产品。几比 300 多千米的海岸线上分布着广袤的红树林，森林面积 235 万公顷，森林覆盖面积占国土面积的 56%。其中，干旱、密集林地 1730 平方千米，退化林地 9370 平方千米，热带草原性林地 9260 平方千米，棕榈、杧果和湿地林 4220 平方千米（见表 4 - 11）。

表 4 - 11　2011 ~ 2015 几内亚比绍森林面积

单位：平方千米

年份	2011	2012	2013	2014	2015
面积	20120.0	20020.0	19920.0	19820.0	19720.0

表格由作者编制，数据来源：世界银行 WB 数据库，http：//databank. worldbank. org/data/reports. aspx？source = 2&country = GNB。

全国森林资源储量 4830 万立方米，每年可生产 10 万吨木材[①]，其中质地优良、可做工业和建筑用的木材资源种类不多，储量有限，主要

[①]　齐冀：《几内亚比绍共和国林业资源与木材加工业概况》，《林业机械与木工设备》2013 年第 12 期。

有红木、香木、血木、白木、黑檀木、乌木、非洲黄花梨、桃花芯木、棕榈树等 60 多个品种，是建筑、造船、家具制作和木雕的理想材料（见表 4 - 12）。

表 4 - 12　几比 2011～2015 年木材生产及消费情况

单位：千立方米

年份 种类	生产量					消费量				
	2011	2012	2013	2014	2015	2011	2012	2013	2014	2015
原木	2769	2807	2845	2884	2923	2755	2790	2822	2786	2889
木质燃料	2637	2675	2713	2752	2791	2637	2675	2713	2752	2791
工业用原木	132	132	132	132	132	117	115	109	33	98
锯材	16	16	16	16	16	16	15	17	16	16
人造板	—	—	—	—	—	0	1	0	0	0

表格由作者编制，数据来源：*FAO Yearbook of Forest Products 2015*，http：//www. fao. org/3/a-i 7304m. pdf。

几比林业资源可分为以下三种：一是果木类，如腰果树、杧果树、棕榈树、柠檬树等，属于最重要的林业资源；二是柴火类林木，一般生长期短，树干矮小，多用作烧制木炭，或做柴火直接燃烧；三是建筑和工业用材，这类林木一般生长期长，树干粗大，木质较好，可做家具和用于建筑，几内亚比绍出口的木材（原木）皆属此类。

几比林业以伐木和锯材为主，原木和锯材历来是重要的出口物资，出口许多国家，如葡萄牙、中国、黎巴嫩、瑞典、荷兰、法国等，这两项的出口是外汇的主要收入之一。部分中国人在当地向政府购买采伐许可证，另有部分人以收购的方式从当地人手中购买非洲黄花梨等木材。葡萄牙人和黎巴嫩人在几比主要采伐桃花芯木，相互之间无矛盾。但由于长期砍伐，森林资源遭到了很大破坏。在 1988～1991 年政府制订的发展计划中，政府把林业摆在优先发展的位置，一个有关再造林的计划得以实施。1996 年，一度因森林资源被严重破坏而中止的木头出口得以恢复。根据联合国粮食及农业组织（FAO）的数据，2013 年几比的原木产量为 2845377 立方米，当年出口原木 23339 立方米，出口值为 1019 万美元；锯材产量约为 15700 立方米，出口锯材为 327 立方米，出口值为 15.9 万美元（见表 4 – 13）。

表4 – 13 几比 2010～2016 年主要林产品进出口情况

单位：千美元

年份		2010	2011	2012	2013	2014	2015	2016
原木	进口值	7	7	7	7	18	18	18
	出口值	3977	4295	6187	10190	50004	17815	17815
锯材	进口值	323	566	970	1001	270	212	169
	出口值	159	201	577	159	75	60	60

表格由作者编制，数据来源：联合国粮食及农业组织网站数据库，Forestry Production and Trade，http：//www. fao. org/faostat/en/#data/FO。

近年来，几比私有化进程加快，加上国家经济十分困难，为增加财政收入，政府大量发放林业开发许可证。公司为了获利，只管砍伐，不管种植，而国家监管力度又远远不够，滥砍滥伐未能受到应有的控制和惩罚，价值较高的木材资源越来越少。几比境内目前所有的林地开发权已被买断。按几比林业有关法律规定，每砍伐 100 立方米的木材资源，应种植 4 公顷的同类树种。索科特雷姆（SOCOTRAM）是几内亚比绍唯一的国有林业开发公司（目前已经处于半倒闭状态），在 20 世纪 90 年代的前五年，根据其所伐木材量，应种植 2000 公顷的树苗，但实际只种植了 147 公顷，而其他私营公司根本没有种植。由于人口大量增长、放火毁林和滥砍滥伐，森林资源衰退十分严重，已引起国际社会和几比政府的严重关切。为保护已经十分脆弱的森林资源，政府已决定停止发放林业开发许可证，并加强对森林资源的管理，防止滥砍滥伐、放火毁林，使日渐衰竭的林业资源得以逐步恢复。[1] 目前，几比当地有 5 家木材加工企业，均由来自中国的四川、重庆华侨经营，主要把原木加工成板方材等半成品后运回

---

[1] 中华人民共和国驻几内亚比绍大使馆经济商务参赞处：《关于几内亚比绍资源情况》，http：//gw. mofcom. gov. cn/article/ztdy/200301/20030100063647. shtml。

中国出售或深加工，原材料主要树种为非洲黄花梨。5 家木材加工企业均使用中国生产设备，以沈阳带锯机械有限公司生产的带锯机、圆锯机、辊压机、磨锯机、锉锯机、开齿机为主，但因当地电力供应不足，停电现象频发，各加工企业的产能受到限制，无法满负荷生产。2015 年 2 月，几比新政府颁布政令，要求加强对森林保护，对几比木材加征新的税费。2014 年 7 月以前，在几比购买木材成本 + 税费如下：购买木材价格 12000 美金 + 税费 1564 美元 = 13564 美元/货柜。2015 年 2 月以后，在几比购买木材成本 + 税费如下：购买木材价格 l3564 美元 + 税费 1574 美元 = 15138 美元/货柜（注：除了过渡政府期间每个货柜成本 12000 美元 + 税费 1564 美元外，现在还要另外加征税费 1574 美元）。按照目前世界和中国木材市场价格，每个木材货柜损失约为 1324 美元。2016 年 4 月 1 日，几比政府召开内阁会议，决定从即日起暂停本国的木材砍伐和出口业务。这是继 2015 年 2 月几比政府加征木材税之后再次颁发的新政令。因此，有意在几内亚比绍发展林业及木材加工行业的企业和个人要加强对该国相关行业的调研工作，在进行实地考察后慎重投资，以免造成不必要的经济损失，目前不排除几比还会制定新的政策。[1] 2016 年 3 月 30 日，西非六国森林专家在几比召开会议，讨论区域木材出口控制机制，特别针对西非地区特有的"刺猬紫檀"等稀有木材。[2]

第三节 工矿业

一 工业

几内亚比绍工业基础薄弱，以农产品和食品加工为主，有碾米、木材

---

① 齐冀：《几内亚比绍共和国林业资源与木材加工业概况》，《林业机械与木工设备》2013 年第 12 期。

② 中华人民共和国驻几内亚比绍大使馆经济商务参赞处：《西非六国森林专家聚首几比讨论区域木材出口控制机制》，http://gw.mofcom.gov.cn/article/jmxw/201604/20160401287899.shtml。

加工、花生脱壳、榨油等工厂。加工业约占工业总产值的75% (见表4-14)。此外，还有发电厂、建材厂等。工业企业不足100家，大多数集中在首都比绍，电力不足是制约工业发展的主要瓶颈之一。由于国内政治局势动荡，2015年几比工业产值约占国内生产总值的13.3%，而工业人口仅占劳动人口的1%[①]。

表4-14 几比2001~2017年工业产值

单位：百万西非法郎

年份	2001	2002	2003	2004	2005	2006
产值	38968.00	45310.00	48373.00	41590.00	43405.00	43760.00

年份	2007	2008	2009	2010	2011	2012
产值	42348.00	46017.00	48173.00	51444.00	50975.16	53515.02

年份	2013	2014	2015[#]	2016[#]	2017[#]
产值	56030.08	57590.03	60541.00	63444.00	65030.10

表格由作者编制，数据来源：EIU Countrydata, https：//eiu. bvdep. com/version – 20171023/cgi/template. dll？ product = 101&user = ipaddress&dummy_ forcingloginisapi = 1。

\# EIU 预测值。

自独立后，几比政府很注意吸引外资，曾同葡萄牙等国合办过一些企业，如果汁厂、啤酒厂、汽车装配厂等。但由于经营不善，这些合办企业先后倒闭。爆发的几次内战又使工业遭到不少破坏。1986年，在政府鼓励发展私人资本的情况下，一家年产500辆汽车的汽车装配厂重新投入生产。1987年，几比政府与葡萄牙、美国签订协议，建立一项试验性的信托基金，以鼓励、促进私营企业的发展。1989年7月，几比与葡萄牙签订协议，使葡方公司投资几内亚比绍的一家塑料厂重新投产，该厂是1984年停止生产的。近40年来，位于比绍博罗拉工业区的几比国有工厂一个个破产，该工业区也逐渐变成商业贸易区。目前在该工业区只有为数

---

① 《几内亚比绍国家概况》，http：//www. fmprc. gov. cn/web/gjhdq_ 676201/gj_ 676203/fz_ 677316/1206_ 677752/1206x0_ 677754/。

不多的几家加工厂。其中，"非洲渔业"是一家鱼产品加工厂，雇佣当地妇女加工鱼产品，主要在几比国内市场销售。还有一家隶属于国家手工品培训中心的手工品加工厂，加工家具制品。在 20 世纪 70 年代，曾有一家"布鲁佛"（Blufo）牛奶厂，为比绍市民提供价格适宜的盒装牛奶，在当地还供不应求，为人们的饮食健康做出了巨大的贡献。如今，该牛奶厂也已经停产 30 多年，许多几比人民还记得"布鲁佛"盒装牛奶。在博罗拉工业区，还有一家"博罗拉综合加工厂"，在 2008 年被俄罗斯商人收购。该俄罗斯商人多年前向几比政府申请生产许可证，准备雇佣 400 名当地工人加工工业产品，但是由于政治局势动荡，该工厂的前景也堪忧。比绍贸易公司（SOCOBIS）是比绍博罗拉工业区最大的一家贸易公司。拥有 5 个仓库，其中有 2 个大型仓库，面积达 1500 平方米。该公司已经在比绍经营了十年，雇佣当地工人 120 名。2012 年公司出口了 1.1 万吨腰果，由于受国际腰果经济低迷和当年军事政变的影响，公司腰果出口受到阻滞。

几比没有形成一定规模的自来水厂，也没有完整的给排水系统。比绍目前只有 13 个蓄水池，只能满足供水总需求的 52%。几比水厂每天供水 3 小时，且含氟严重超标。首都只有 7% 的居民能用上自来水，各单位自行打井取用地下水。由于几比水质含氟超标，矿泉水和纯净水供不应求。2016 年 4 月 1 日，几比国家水电公司在比绍宣称，该公司已获得世界银行"改善比绍供水系统"项目，将在首都比绍市新增 3 个地下水井，以提高几比供水能力。[①]

几比能源主要依靠柴油发电与水电，但几比电力设施严重滞后。比绍发电厂不能满足首都最低需求，各单位只能购买发电机自行发电。全国家庭普遍用不上照明电，几比首都仅有 10% 的居民能连上国家电网。几比政府目前主要借助外援来解决电力不足的问题。2010 年 9 月，世界银行向几比投资 1270 万美元修缮首都比绍的电力设施。2011 年 5 月，世界银行再次向几比提供 220 万美元的援助，用于该国饮用水和电力设施紧急恢

---

① 中华人民共和国驻几内亚比绍大使馆经济商务参赞处：《世界银行资助几比建地下水井改善国家供水条件》，http：// gw. mofcom. gov. cn/article/jmxw/201604/20160401290024. shtml。

复项目，保障比绍市能够购买一组 5 兆瓦的发电机组。2012 年 2 月，欧盟驻几比代表处和葡萄牙非政府组织"无国界工程师"确定投资 14 亿西非法郎，在巴法塔省邦巴丁卡县（Bambadinca）利用可再生能源光伏发电（太阳能），实现光伏电力 400 千伏安的光伏并网发电，以满足该地区 7000 名居民的用电需求。2013 年 5 月，几比过渡政府与美国一家可再生能源公司（Suntrough）在比绍郊区举行功率为 10 兆瓦的光伏电站工程奠基仪式。该工程工期为 6 个月，总造价为 3000 万美元（约 2300 万欧元），为比翁博和比绍两地 4 万人提供电力。2014 年 7 月 15 日，几比政府宣布，已经与西非发展银行达成协议，在几比建造一个 50 兆瓦的发电站。8 月 22 日，几比政府称，正在几内亚建造的卡勒塔（Kaleta）大坝于 2015 年 8 月正式开始发电，可以满足几比全国 30% ~ 40% 的电力需求。2015 年 3 月，几比宣布，世界银行向几比提供 7800 万美元安装高压电网，以及在萨尔蒂纽（Saltinho）及邦巴丁卡两地建变电站。从 2015 年起，卡勒塔大坝正式启动一个涡轮机发电，发电量为 200 兆瓦，向包括几内亚比绍在内的该流域的 4 个国家送电。当卡勒塔大坝电站全面运行时，每年可发电量约为 900 兆瓦。同时，冈比亚河流域开发组织还规划在塞内加尔的桑班加洛（Sambangalou）建设第二个大坝。当这两个设施正常运行并以电缆连接后，预计将可满足几比能源需求的 40%。2015 年 10 月，非洲开发银行发表声明，非洲可持续能源基金批出 86.6 万欧元，以筹备几内亚比绍南部萨尔蒂纽水力发电站建设，该水电站预计装机容量 20 兆瓦，将为比绍市及周边国家供电。

2017 年 6 月 6 日，几比政府与葡萄牙艾法克公司（EFACEC）签署了约 1000 万欧元的输电网建设合同。该合同包括在博尔区建设一家 100 兆瓦的发电厂、铺设 6.2 千米的输电网、两座分别为 10 千瓦和 30 千瓦的变电站。项目建成后，几比电网将连接首都比绍市至博尔区。该项目总造价约为 1000 万欧元，将通过西非开发银行和西非货币经济联盟融资筹措。①

---

① 中华人民共和国驻几内亚比绍大使馆经济商务参赞处：《几比政府与葡萄牙 EFACEC 公司签署博尔区输电网建设合同》，http：// gw. mofcom. gov. cn/article/jmxw/201706/20170602588646. shtml。

二　矿业

与很多非洲国家一样,几内亚比绍也拥有较为丰富的矿藏资源,其主要矿藏包括储量约 2 亿吨的铝矾土,储量约 8000 万吨的磷酸盐,以及储量约 11 亿桶的石油[①]。从 20 世纪 70 年代开始,勘探工作就逐步展开,但由于国内经济条件限制、政治局势动荡,加上缺乏基础设施,使得这些矿产资源未能得到有效开发,目前仅有少量的采石场和手工作业的金矿。

位于几比东南部的博埃县(Boe)是加布地区的第五大县,距首都比绍东南 240 千米。20 世纪 70 年代,经过科学考察探明,博埃的铝土矿储量丰富,但由于缺乏基础设施与资金,对它的开发至今尚未开始。近年来,几比开始将注意力集中在铝土开发上。2007 年,几比和安哥拉政府签署了在几比博埃县开采铝土矿的协议,其中包括在格兰德河上建设港口和修建连接开采地和港口的铁路。安哥拉铝土矿公司(Bauxite Angola)自 2007 年起在几比拥有多个铝土矿开采许可,但由于 2012 年 4 月几比发生军事政变,安方已撤离几比。同年 11 月底,一个石油和其他矿产采掘业工作组对博埃县进行访问并举办研讨会,其内容是关于在博埃县开采铝土矿对当地居民生活和生产的影响。2014 年 9 月,几比自然资源部部长戈梅斯宣布,安哥拉铝土矿公司将重启几比项目,自然资源部与安哥拉铝土矿公司董事会进行协商,双方就对几比南部布巴深水港建设以及在东部博埃地区开采铝土矿的具体事项达成共识。

几内亚比绍的石油勘探开始于 1960 年。1984 年,政府与一些外国石油公司就石油勘探达成协议,允许这些公司在沿海 4500 平方千米的范围内进行探查;1985 年,在放宽有关煤气、石油业的法令颁布后,政府对沿海 40 多个地区的石油开采发放了许可证。1990 年,美国派克顿石油公司(Pecten)开始在自己的许可范围内钻井采油。由于沿海地区可能蕴藏着大量石油,几内亚比绍同几内亚对该地区的争夺一直持续到 1985 年。

[①] 《几内亚比绍国家概况》,http://www.fmprc.gov.cn/web/gjhdq_676201/gj_676203/fz_677316/1206_677752/1206x0_677754/。

20 世纪 90 年代初，几比与几内亚共同组成联合委员会，目的是促进两国相邻海域的资源开发。几比与塞内加尔对一处海上交界处的管辖争论直到 1993 年 10 月两国签署一项协议才告结束。该协议规定两国对该地区进行共同管理；按照该协议，在对该海域石油开发的头 20 年内塞内加尔与几比分别获取 85% 和 15% 的石油。几比在 1995 年 12 月正式批准了上述协议。1996 年，加拿大石油公司佩特罗班克（Petrobank）与几内亚比绍国家石油公司达成协议合资共同开发沿海一处地区的石油，该地区占地约 28 万公顷，加拿大首批投资达 100 万美元。目前，在几内亚比绍的海域进行石油勘探和开采的公司还有埃索（Esso）、埃尔夫（Elf）、班顿石油（Benton Oil）等国际著名公司。2008 年 4 月，荷兰新能源公司与几比自然资源部、国家石油开发公司等签署了有关协议，根据该协议，荷兰新能源公司获得在几比海域勘探开发石油的特别许可权。2014 年 2 月，澳大利亚石油公司（FAR Limited）发表声明称，该公司很有可能在几比沿海以商业手段开采石油，因为在几比海岸外的测试井证明，在 2014 年底进行的油井勘探成功率较高，加上是在浅水区，勘探和开发的成本在商业上很有吸引力。2015 年 11 月 25 日，几比国营石油公司（PetroGuin）在比绍发布公告称，该公司已与尼日利亚波特普拉斯公司（Portplus）签署两份在几比海域进行石油勘探的协议，并最终将进行石油开采。[①]

2015 年 11 月 12 日，加拿大 GB 矿业公司负责人达尔萨诺在结束与几比总理科雷亚会晤后向媒体宣布，该公司将在 2017 年完成磷矿开采设备安装，并于 2018 年开采磷精矿。达尔萨诺称，该项目的商业可行性研究报告已经完成，公司即将完成环境和社会效益影响报告。根据 GB 公司官网数据，在几比法林地区探明的磷矿储量为 1.056 亿吨，其中磷精矿占 28.4%、推断储量为 3760 万吨（精矿比率为 27.7%）。预计法林地区磷

---

① 中华人民共和国驻几内亚比绍大使馆经济商务参赞处：《几比国营石油公司与尼日利亚 Portplus 签署共同勘探石油的协议》，http：//gw. mofcom. gov. cn/article/jmxw/201511/20151101195389. shtml。

精矿的开采成本为每吨 52.13 美元，项目启动资金估计需要 1.938 亿美元[①]。

第四节　交通与通信

一　交通

（一）陆运

几内亚比绍的陆运以公路为主，没有铁路。公路总长 4400 多千米，其中二级、三级公路（沥青路面）约有 550 千米。[②] 几比公路多集中于北部，南部多为山地，交通不便，公路很少。横贯全国的公路干线从首都比绍市往东北可通往塞内加尔，往东南可通往几内亚，向西经巴法塔到达国境线上的皮切，这条干线是全国陆路运输的大动脉。由于年久失修，路面坑洼不平，雨季尤甚，无法通车，并频繁引发交通事故。2015 年 10 月 16 日，几比交通部门公布了 2015 年上半年交通事故数据，共计发生 410 起道路交通事故，造成 74 人死亡、139 人重伤、237 人轻伤。超速、醉驾、轮胎状况不佳、违规操作等是造成交通事故的主要原因。[③]

为改变上述落后状况，几比政府长期以来借助外援进行国内道路建设。1989 年初，非洲阿拉伯经济发展银行和欧共体向几内亚比绍提供 3130 万美元进行道路建设。1990 年，由欧共体和意大利援建的从圣多明戈斯（Sao Domingos）到塞内加尔的门派克（M'Pack）公路竣工通车。2009 年，西非发展银行宣布向几比提供 1500 万美元用于几比解放大道的维修，将其改造成国家级主干道。2010 年 3 月，欧盟向几比提供 300

---

① 中华人民共和国驻几内亚比绍大使馆经济商务参赞处：《加拿大 GB 矿业宣布将于 2018 年在几比开采磷矿》，http://gw.mofcom.gov.cn/article/jmxw/201511/20151101162703.shtml。

② 《几内亚比绍国家概况》，http://www.fmprc.gov.cn/web/gjhdq_676201/gj_676203/fz_677316/1206_677752/1206x0_677754/。

③ 中华人民共和国驻几内亚比绍大使馆经济商务参赞处：《几比 2015 年上半年发生 410 起交通事故》，http://gw.mofcom.gov.cn/article/jmxw/201510/20151001139734.shtml。

万欧元的资助，用于几比的桥梁和主要公路的修缮，同时也帮助几比建立公路管理法规体系框架。2012 年 3 月，由世界银行出资 5213.75 万西非法郎帮助几比修建的 22 千米的乡村初级公路交付使用，乡村公路的建成带动了社区间的经济发展，有利于地区减贫。2013 年 5 月，西非发展银行（BOAD）贷款 410 亿西非法郎，对首都比绍的道路进行维修，加宽比绍 10 个街区的 25 条道路，总长度超过 43 千米，每条道路加宽至 7 米。2014 年 1 月，由西非发展银行和西非经货联盟共同资助的全长 55 千米的曼索阿至法林道路竣工。道路为柏油路，宽 10 米，共两条车道，工程总造价为 1900 万欧元，它也成为几比北部连接塞内加尔的重要通道，有利于加强几比北部奥约行政区与西共体的联系，促进国际贸易发展。

首都比绍是全国运输中心，拥有开往北部各省、市、区的公交车，多为个体经营，且车况较差。比绍市内公共交通工具主要有两种，即被当地人称为"托卡托卡"（Tocatoca）的小中巴公共汽车和出租车。几比的出租车多为欧洲出口的二手、三手破旧奔驰轿车，里程数大多超过 20 万千米，颜色统一，蓝白相间。出租车上没有计价器，价格一般由司机和乘客事先约定，根据路程远近和路面状况而定，由于市区很多街道不平整，坑洼较多，对车辆磨损大，因此价格也会有所增加。一般是 1 千米为 100 ~ 150 西非法郎，凌晨之后价格加倍。几比是世界上最贫困的国家之一，居民消费能力低，一般情况为多人拼凑一辆出租车，随时搭载，坐满为止，主要在市区、郊区及邻近地区运营。由于国家法律监管不到位，漏洞太多，大量走私的进口汽车进入几比。2012 年 11 月 9 日，几比交通部门公布，几比有超过 2 万辆非法进口汽车在运行，每年给几比财政收入造成 50 亿西非法郎（760 万欧元）的损失。此外，近年来几比经济有所发展，基础设施建设步伐加快，对物流运输车辆和工程机械车辆的需求较高。因此，自 2014 年初开始，中国华菱公司已向该国出口近 20 台重卡，用于基础设施建设。为了缓解首都交通压力，有效地减少拥堵带来的交通事故，几比政府从 2016 年 7 月 11 日起，对比绍市主要街道实施限制集装箱车通行的措施，集装箱车将统一按照新规定路线行驶。[①]

（二）航运

几比岛屿众多，85% 的居民都居住在距离水运通航点不足 20 千米的地方，因此，河运与近海海运是几比重要的交通和运输渠道，发展前景很大。水运可从热巴河上溯 150 千米，也可沿海湾向东进入卡谢乌河下游，向西进入科鲁巴尔河下游。1986 年，在北部地区恩帕达（N'Pungda）修建了一处内河港。目前，几比国内航运基础设施少，缺乏客货运船只。内河和近海航运通航里程为 1800 多千米，国际海运可通到周边邻国和葡萄牙等欧洲国家。首都比绍有深水海港，是全国最大的驳运港、渔港和对外贸易中心，港区锚地可停泊 7～8 艘吃水 11 米深的万吨货轮，有两个码头，年吞吐量约为 50 万吨，但港口停泊和货物装卸费用昂贵，被外国公司称为世界上收费最高的港口之一。比绍港口费用昂贵的主要原因在于没有航道交通信号，许多船舶进入比绍水域后需要等待 12 个小时左右才能进入港口。因此，修复航道浮标信号灯和港口灯塔是几比的首要工作。

近年来，几比政府逐步加大了对航运建设的投入。2015 年 1 月，几比政府宣布，订购 3 艘客货运渡轮，作为往返于比绍和比热戈斯群岛之间的交通工具。目前，往返比绍和比热戈斯群岛的交通工具是独木舟。为了保障乘客安全，几比政府希望引进新轮船。3 月 6 日，几比政府宣布，重新恢复中断近两年的比绍至博拉马岛的航运服务。博拉马岛曾经是几比的首都，和现在首都比绍相隔一条热巴河。乘船前往只需要 2～3 小时，以前用独木舟或走陆路需要一整天的时间。恢复这条航线有利于减少安全事故和提高工作效率。客船每周星期五从比绍出发至博拉马，星期天返回比绍。船上分不同仓位，票价为 3000～5000 西非法郎（4～8 欧元）。2015 年 8 月 26 日，几比全国运输业者协会发布报告称，将对无水港口建设项目进行公开招标。无水港口将建在首都比绍郊区——皮梅区（Pime），不经过市中心，可避开拥堵的交通，占地面积约 2.5 万平方米。无水港口建成

---

① 中华人民共和国驻几内亚比绍大使馆经济商务参赞处：《几比将实施限制集装箱车在首都主要街道通行的措施》，http：// gw. mofcom. gov. cn/article/jmxw/201607/20160701355671. shtml。

后将缓解比绍港口的压力，无水港口包括存储仓库、货物中转及装卸和清关服务等，预计在 2017 年底，将建成一个能容纳 10 万个集装箱的无水港口。① 2016 年 2 月，为了满足比绍港口业务量的快速增长，几比政府对比绍港口集装箱码头进行扩建，港口的年吞吐量从原来的 3.5 万吨增长到 7.2 万吨。②

（三）空运

几比的空运不发达，空运业几乎都集中在首都比绍。目前，全国共有 8 个机场，其中 2 个铺设了跑道，6 个未铺设跑道。③ 首都比绍有奥斯瓦尔多·维埃拉国际机场（Aeroporto Osvaldo Vieira），可起降波音 747 等大型客机，与里斯本、巴黎、几内亚、佛得角、塞内加尔和加那里群岛有定期航班，年旅客量约 2 万人次。国内空运不多，无定期航班。

1991 年，几比和葡萄牙签订了一项航空协定，葡萄牙国家航空公司（TAP Portugal）向几比航空公司提供设备和技术以提高几比国内空运能力，同时把里斯本至比绍的航班次数从以前的每周两次增至三次。但因 2013 年底几比政府强迫葡航机组人员让 74 名叙利亚旅客携带假护照登机事件，葡萄牙航空公司暂停了里斯本和比绍之间所有直飞航班，这也导致几比没有直飞欧洲的航班。几比自 2008 年以来，因缺乏监管安全的能力，被国际民用航空组织列入缺乏安全的国家名单中。2013 年 5 月，国际民用航空组织宣布把几比从缺乏安全的国家名单中去除。2014 年 11 月 14 日，比绍与里斯本之间正式恢复通航。2015 年 2 月 17 日，欧洲大西洋航空公司发表声明称，比绍与里斯本的航班每周增加至两次，分别为星期二和星期五各一班次。两个班次起飞和到达时间一致，即上午 09：00 从里斯本出发，下午 13：25 到达比绍；下午 16：00 从比绍出发，晚上 20：00

---

① 中华人民共和国驻几内亚比绍大使馆经济商务参赞处：《几比将对无水港口建设项目进行公开招标》，http：//gw. mofcom. gov. cn/article/jmxw/201508/20150801093896. shtml。

② 中华人民共和国驻几内亚比绍大使馆经济商务参赞处：《比绍港口集装箱码头升级扩容》，http：//gw. mofcom. gov. cn/article/jmxw/201602/20160201255513. shtml。

③ CIA The World factbook-Guinea Bissau：https：//www. cia. gov/library/publications/the-world-factbook/geos/pu. html.

到达里斯本。除了欧洲大西洋航空公司外，还有塞内加尔航空公司（Air Senegal International）、佛得角航空公司（TACV）、摩洛哥皇家航空公司（Royal Air Maroc）和飞往西非国家的私人航空公司（ASKY Airlines）等航空公司的飞机停经比绍。佛得角航空公司提供每周两班飞往几比的航班，周日航班按照普拉亚－达喀尔－比绍－普拉亚的航线，而周三航班则按照普拉亚－比绍－达喀尔－普拉亚的航线。长期以来，几比没有国家航空公司。6月11日，几比交通与通信国务秘书维埃拉称，几比政府正与罗马尼亚腾德集团（Tender）协商筹组几比本国自己的航空公司——几比航空。腾德集团持有该航空公司60%的股权，几比政府则持有40%的股权。初期，几比航空将运营两架客机，民用航空局批准的航线为：比绍－达喀尔－比绍；比绍－里斯本－比绍；比绍－普拉亚－比绍。维埃拉表示，关于申请新的航线，现正在等待国际民用航空组织（ICAO）的批准。在未来一年内，有可能开通比绍与巴西福塔莱萨的航班。

2017年11月2日，几比公共工程、住房和城市化部部长马西亚诺·席尔瓦·巴尔贝罗宣布，由于在几比运营的多国航空公司经常投诉比绍市奥斯瓦尔多·维埃拉国际机场的跑道条件恶劣，飞机安全降落存在风险，几比政府决定设法拨付3亿西非法郎（约合53.8万美元）用于该机场跑道的维修维护，几比政府将联合西非航空联盟等就此项目进行国际招标。①

二　通信

（一）电信

几内亚比绍是全球通信条件最落后的国家之一。几比每百人仅拥有固定电话32部、移动电话29部（见表4－15）。根据几比官方最新数据，几比电信业正在缓慢发展，为满足几比电话用户增加的需求，几比固定和移动电话号码从2015年11月1日起升至9位数。

长期以来，葡萄牙电讯（PORTUGAL TELECOM）对几比电信业实行

---

① 中华人民共和国驻几内亚比绍大使馆经济商务参赞处：《几内亚比绍政府投资3亿西法维修比绍机场跑道》，http://gw.mofcom.gov.cn/article/jmxw/201711/20171102664016.shtml。

垄断控制。按照葡萄牙电讯与几比前政府签订的合同，葡萄牙电讯应从
1989 年开始垄断经营几比电信业 20 年，至 2009 年结束。为摆脱葡萄牙
电讯的垄断和控制，几比政府在与葡萄牙电讯谈判未果的情况下，于
2003 年决定成立新的电信公司——"几比电信"（GUINETEL），由几比
和葡萄牙共同创建，业务是运营座机电话网络，公司属于国有企业。但由
于面临技术和资金方面等问题，公司运营艰难，并经常拖欠葡萄牙合作方
的电信费用，后者不堪重负，于 2009 年退出该公司。2011 年 7 月 25 日，
几比总理戈梅斯在启动几比电信（固网）与几比移动公司（移动网）重
组项目的会议上对外宣布，几比将实行电信私有化，并开始进行产业重组。
但由于在技术和财政上一直存在困难，加之国内政局动荡，重组进程缓慢。
2015 年 3 月 16 日，几比交通与通信国务秘书处组织召开第一届几比电信会
议，主要讨论几比两家国营通信公司——几比固定电话和基础网络运营商
与几比电信和几比移动的重组问题，并希望通过这次重组为几比电信市场
带来新的生机和希望。

表 4 - 15　2011 ~ 2016 年几比手机用户

单位：每百人/部

2011 年	2012 年	2013 年	2014 年	2015 年	2016 年
45.1	63.1	55.2	63.5	69.3	70.3

表格由作者编制，数据来源：世界银行 WB 数据库，http：//databank. worldbank. org/data/
reports. aspx？ source = 2&country = GNB。

　　几比国内电信公司发展岌岌可危之时，国际公司在逐步进入。2007
年，南非的 MTN 通信公司进入几比市场，在信息技术领域投资超过 3000
万西非法郎，以确保为用户提供优质的服务。目前，该公司在几比拥有超
过 52 万用户，占几比市场率的为 76%。2012 年 6 月 21 日，MTN 通信公
司新开设一家客户信誉服务中心，旨在推动几比通信和新信息技术的发
展。公司还推出漫游、GPRS、智能手机、ipads、互联网 wi-fi 等高端产品
的服务。2015 年 7 月 31 日，MTN 在几比推出 3G 移动电话，根据 MTN 与

几比政府签署的经营许可合同，公司 2016～2017 年将实现在几比各地覆盖 MTN 移动信号。塞内加尔运营商 Orange 电信公司进入几比后，不仅致力于几比通信部门的建设，还支持几比社会各个领域的发展，多次赞助几比狂欢节，并承诺尽快改善移动网络服务质量。2015 年 3 月，安哥拉私营电信运营商 Unitel 在第一届几比电信会议上宣称有意收购几比电信，并向委员会提交了一份收购报价。目前，几比政府向移动运营商 Orange 和 MTN 发放了十年有效期的 3G、4G 许可证。每家运营商购买许可证需要支付 20 亿西非法郎（约 300 万欧元）。

（二）互联网

国际电信联盟（ITU）发表的 2014 年度报告指出，2014 年几比互联网的使用普及率仅为 3.1%。由于国内公司技术水平落后，几比互联网业务多由外国公司操办。MTN 公司通过 GPRS 网络连接互联网，但 Orange 公司推出上网更为快速的 EDGE 服务连接，使得通过 Wi-Fi 拨打电话成为可能。2014 年 1 月 14 日，为保证几比电信市场的安全与稳定，Orange 公司宣布，为通信用户推出网络新业务，包括互联网服务、移动互联网、企业互联网、Orange 无线网络 wi-fi、UC、用户安全、网络安全、监控等。据介绍，该公司推出新业务是为了增加企业的知名度，让更多的新用户了解 Orange。考虑到几比客户的消费能力，目前几比的手机资费比塞内加尔低。然而网络费用较高，主要使用软件无线电技术 wimax。马内说，现在 Orange 公司在几比的网络速度分为两种：512KB/秒和 1024KB/秒，资费分别为每月 28 万和 34.5 万西非法郎。初装费为 11.73 万西非法郎。2 月 11 日，Orange 公司宣布，该公司已经获得几比国家电信管理局颁发的测试 3G 的许可牌照，将于 3 月在比绍市做 3G 网络技术的测试。测试从移动终端开始，测试成功后，将公布 3G 资费。随着互联网技术的普及与提高，几比政府在该领域得到了国际社会的支持。2015 年 12 月 16 日，几比交通和通信国务秘书维埃拉在首都比绍称，几比国家顶级域名 ".GW" 运行一年多来，已开通 300 个互联网网址。".GW" 域名的注册工作历经三年，曾到北京和阿根廷首都布宜诺斯艾利斯寻求技术支持，还得到葡萄牙国家顶级域名 .pt 运行机构 DNS.pt

的技术支援，并与葡语非洲国家的相关部门协调，网域名最终于 2014 年 11 月 26 日正式注册。

（三）邮政

几比在比绍设立邮政总局，全国共有 33 家邮政分局，目前只有首都一家分局营业，其余全部因缺少资金而停业。邮局职工的工资被长期拖欠，邮政服务面临瘫痪局面。EMS 和 DHL 两家公司在比绍开通了快递业务。几比政府正在准备制定相关优惠政策来鼓励邮政部门发展，包括建立邮政监管部门，打破公共服务垄断格局，以吸引更多的私营企业参与公共服务。2016 年 11 月 3 日，几内亚比绍邮政局现代化改造工程启动仪式在比绍举行，几比邮政局现代化改造工程将由突尼斯普罗蒂特公司（Prodit）负责执行。改造后的邮政局将拥有现代化设备和新的通信线路，除了正常邮政服务外，还将提供支付水电费、证件发放以及技术人员培训等广泛服务。[①]

第五节 财政金融

近年来由于受到国内外各种因素的影响，几内亚比绍的财政收入一直处于低谷，连年赤字。2012 年政变后，几比经历了三年的经济停滞期。政局动荡不仅损害了几比的经济增长潜力，也不利于外国投资的进入。国际机构对几比进行了风险评估，其预算、现金流、会计和财务报告等多项指标都很差，显示几比的财政状况相当糟糕。例如，几比一直难以坚持其国家预算计划，现金流管理体系缺失，缺乏财务报表等。[②]

截至 2015 年底，外汇储备（不含黄金）3.33 亿美元。2011 年由于国际货币基金组织、世界银行、欧盟、非盟等免去几比 90% 的债务，外

---

① 中华人民共和国驻几内亚比绍大使馆经济商务参赞处：《突尼斯公司 "Prodit" 将实施几比邮政局现代化改造工程》，http：//gw. mofcom. gov. cn/article/jmxw/201611/20161101606791. shtml。

② AFRICAN DEVELOPMENT BANK：*GUINEA-BISSAU-Country Strategy Paper* 2015 – 2019，https：//www. afdb. org/fileadmin/uploads/afdb/Documents/Project-and-Operations/Guinea-Bissau＿＿-＿2015 –2019＿Country＿Strategy＿Paper. pdf。

债余额一度减少至 1.9 亿美元。截至 2014 年底，外债余额约为 2 亿美元。[①] 几比在 2016 年公开发行了三次国债，共计 370 亿西非法郎。[②] 2017 年 2 月和 4 月，几比分别公开发行了 130 亿西非法郎和 160 亿西非法郎的国债，用于弥补财政赤字。[③] 2010~2017 年几比财政收支情况见表 4 - 16，财务状况见表 4 - 17。

表 4 - 16 几内亚比绍 2010~2017 年财政收支情况

单位：亿西非法郎

年份	2010	2011	2012	2013	2014	2015	2016	2017[#]
收入	912	907	710	610	1150	1250	1120	1239
支出	904	933	839	702	1290	1430	1445	1370
差额	8	− 26	− 129	− 92	− 140	− 180	− 325	− 131

表格由作者编制，数据来源：EIU Countrydata，https：//eiu. bvdep. com/version - 20171023/ cgi/template. dll？product = 101&user = ipaddress&dummy_ forcingloginisapi = 1。

EIU 预测值。

表 4 - 17 2013~2017 年几内亚比绍通货膨胀、公共债务、公共赤字情况[①]

年份	2013	2014	2015	2016	2017
通货膨胀率(%)	0.8	− 1.0	1.5	2.6 *	2.8 *
公共债务(一般政府总债务占 GDP 的百分比,%)	53.6	50.4	52.9 *	47.3 *	45.7 *
公共赤字(一般政府净贷款/借款 GDP 的百分比,%)	− 1.8	− 1.4	− 7 *	− 2.1 *	− 1.8 *

表格由作者编制，数据来源：Guinea-Bissau GDP and Economic Data，http：//www. gfmag. com/ global-data/country-data/guinea-bissau-gdp-country-report。

* IMF 预测值。

[①] 《几内亚比绍国家概况》，http：//www. fmprc. gov. cn/web/gjhdq_ 676201/gj_ 676203/fz_ 677316/1206_ 677752/1206x0_ 677754/。

[②] 中华人民共和国驻几内亚比绍大使馆经济商务参赞处：《几内亚比绍将发行 130 亿西非法郎的国债》，http：//gw. mofcom. gov. cn/article/jmxw/201610/20161001481958. shtml。

[③] 中华人民共和国驻几内亚比绍大使馆经济商务参赞处：《几比发行 160 亿西非法郎国债用于弥补财政赤字》，http：//gw. mofcom. gov. cn/article/jmxw/201704/20170402556038. shtml。

第六节 对外贸易

一 概况

几内亚比绍对外贸易一直存在严重的不平衡，几乎年年逆差。1986年，出口额仅为750万美元。由于几比货币比索贬值，1990年，其出口额升至2150万美元。几比1995年7月加入世界贸易组织。②

几比对工业制成品、机器设备、燃料和食物的需求大幅上升，因此20世纪80年代平均每年的进口额为6000万美元左右。但是，20世纪90年代国际汇率的调节和许多国有企业的倒闭，使得几比工业原材料的进口急剧下降。进入21世纪后，由于政府调节了财政和货币政策，几比2003年、2004年的进口额分别达到6880万美元和10180万美元，2014年的进口额达到21080万美元（见表4-18）。2016年10月24日，几比宣布正式实施西非国家经济共同体（西共体）共同关税政策。根据该政策，关税同盟国家之间取消关税和贸易限制，对来自非同盟国家的进口产品实行统一的对外关税。③

表 4 – 18　几内亚比绍 2010 ~ 2017 年外贸情况

单位：百万美元

年份	2010	2011	2012	2013	2014	2015	2016	2017#
出口额	126.6	238.0	131.4	152.8	166.0	255.2	274.332	341.7
进口额	– 196.6	– 240.2	– 181.8	– 182.8	– 214.2	– 206.9	221.05	– 287.5

表格由作者编制，数据来源：EIU Countrydata, https：//eiu. bvdep. com/version – 20171023/cgi/template. dll? product = 101&user = ipaddress&dummy_ forcingloginisapi = 1。

\# EIU 预测值。

---

① Guinea-Bissau GDP and Economic Data, http：//www. gfmag. com/global-data/country-data/guinea-bissau-gdp-country-report，2017 年 8 月 6 日。

② 《几内亚比绍国家概况》，http：//www. fmprc. gov. cn/web/gjhdq_ 676201/gj_ 676203/fz_ 677316/1206_ 677752/1206x0_ 677754/。

③ 2006 年 1 月，西共体成员国首脑在尼日尔首都尼亚美召开的首脑峰会上决定，该区域将开始着手实行共同对外关税，并定于 2015 年 1 月 1 日起正式施行。中华人民共和国驻几内亚比绍大使馆经济商务参赞处：《比绍实施西非国家经济共同体共同关税政策》，http：//gw. mofcom. gov. cn/article/jmxw/201610/20161001481950. shtml。

几内亚比绍

二 主要外贸对象国

几内亚比绍的主要贸易伙伴是：燃料主要从葡萄牙和塞内加尔进口；
建材主要从葡萄牙、西班牙、摩洛哥进口；食品主要从葡萄牙、西班牙、
塞内加尔、冈比亚进口，其中大米来自中国、泰国、越南、巴基斯坦等亚
洲国家（大多数为转口进入）；汽车主要来自西班牙、日本、南非；家用
电器大多来自欧洲，生活日用品一般来自欧盟和邻国。主要出口国是印
度、乌拉圭、尼日利亚、意大利、葡萄牙、塞内加尔等（见表4-19）。

表4-19 几内亚比绍主要贸易伙伴（2016年）

单位：%

主要出口对象国	占出口比例	主要进口来源国	占进口比例
印　　度	64.6	葡萄牙	44.1
越　　南	9.5	塞内加尔	19.2
白俄罗斯	9.4	中　　国	7.2
尼日利亚	4.7	巴基斯坦	6.7

资料来源：The Economist Intelligence Unit Limited, *Country Report*: *Guinea-Bissau*, 4th Quarter 2017, p.5。

三 主要进出口商品

几比主要出口产品为腰果、花生、冻虾、冻鱼、棉花、原木等，其中腰
果出口占出口总额的80%以上。主要进口商品是粮食、燃料、润滑油、运输
设备和建材等。在几比从事燃料进口的公司主要是佩祖玛、壳牌和埃尔夫，
几比全国的柴油、汽油、液化气供应均被这三家公司垄断。其中佩祖玛是与
葡萄牙合资的公司，资金雄厚，进口渠道畅通，在比绍码头建有大型储油罐，
代理壳牌和埃尔夫的柴油储存。麦夫格罗、斯特亚、保佳、格路卡-通用是
四家从事汽车、汽车零配件和一般家用电器进口的公司。其中麦夫格罗为荷
兰人开的公司，在几比已经营近20年，代理日产汽车的销售、维修和零配件
供应，同时兼营名牌摩托车、发电机、家电、生活日用品等。其余三家公司
分别销售日本丰田、三菱和美国通用汽车的产品。卓玛乌、努内斯依拉茂、
卡萨科里亚、几利易佩克斯、博克斯进出口公司，是主要的建材进口商，从

事水泥、钢材、涂料、管线、各种贴面材料、卫生洁具等建材的进口。环球贸易和富罗比斯是两家从事家具、灯具、家用电器进口的公司。穆斯塔法加罗、拉玛那达加罗、尤尼考麦克斯、阿富利加比绍、寇格圭、达灵等是较大的一般商品进出口公司，主要从事大米、面粉、洋葱、土豆、食用油、各种饮料及其他食品和生活日用品的进口，同时在腰果收获季节，也从事腰果收购（见表4-20）。2015年，几比食物产品、资本商品和石油产品的进口额分别是8230万美元，7250万美元，3880万美元。[1]

表4-20　几内亚比绍2005~2012年主要商品进口额

单位：百万美元

年份	2005a	2006b	2007b	2008c	2009	2010	2011	2012
食品	15.1	26.8	39.6	63.0	56.1	57.2	67.8	56.8
资本商品	15.0	42.4	37.6	44.7	54.2	55.5	63.2	46.0
石油产品	15.8	24.1	31.3	44.7	39.2	44.7	65.7	59.2

资料来源：The Economist Intelligence Unit Limited, *Country Report*: *Guinea-Bissau*, 2008-2014。
[a]IMF估算数据；[b]法兰西银行估算数据；[c]来自合作伙伴的贸易收益。

四　在几内亚比绍开展贸易的难度和机遇[2]

与几比开展贸易往来，存在一定的难度。一方面，几比金融体系不健全，税率等有关费用较高。几比银行资本有限，账务处理手续费很高，资金的安全难以得到保障。几比流通货币是西非法郎，属自由兑换货币，通过正规渠道可以把资金向境外转移，但政府有各种要求和规定。如果要快速把资金转汇国内，可通过西联汇款（WESTERN UNION）驻几比代表处办理，但收费较高。若开立外汇账户，须经几比财政部审批。此外，进口商品各种税费较高，如码头各种费用、一般商品海关税和销售税及其他费用都较高。另一方面，几比国内购买力低下，市场容量有限。几比是重债贫穷国，人均国内生产总值为566美元，80%的人口生活在农村。几比政

[1]　The Economist Intelligence Unit Limited, *Country Report*: *Guinea-Bissau*, 4th Quarter 2017, p5.
[2]　中华人民共和国驻几内亚比绍大使馆经济商务参赞处：《几比经济形势与我建议》http://gw.mofcom.gov.cn/article/ztdy/200212/20021200058266.shtml.

局一直动荡,长时间内经济不但没有发展,而且严重倒退,国民收入十分有限,普遍贫穷。几比市场商品结构单一,且容量很小,尤其是汽车、拖拉机、发电机、电脑等产品虽有一定的需求量,但购买力有限,很难形成规模。其他如电视机、冰箱、洗衣机、影碟机、空调等,因目前经济困难、电力严重短缺,市场容量很小。此外,大部分公司和商人在战乱期间受损,公司之间、公司与国家之间大部分都存在债务纠纷,因此,几比实力雄厚的公司和商人屈指可数,商人支付能力也有限。

当然,面临风险的同时,也存在着机遇。几比是 WTO、西非经货联盟成员,对贸易,尤其是进口没有过多限制。开拓几比商品市场虽存在各种各样困难,甚至存在较大风险,但在几比开展贸易的内外环境在朝着好的趋势转化。首先,比较前十几年来说,现在政局趋于稳定,为在几比开展贸易活动提供了先决条件。随着政局、安全形势趋于好转,国际社会也将启动对其的援助(见表 4 – 21、4 – 22),一些基础设施项目有望上马,建材需求量将逐步增加。其次,几比政府计划把各种税费降到西非经货联盟的平均水平,达到世界银行、国际货币基金组织的要求,以促进贸易增长和经济发展。

表 4 – 21　2011 ~ 2016 年几内亚比绍接受的官方援助

单位:万美元

2011 年	2012 年	2013 年	2014 年	2015 年	2016 年
12064. 0	8032. 0	10563. 0	11025. 0	9504. 0	19907. 0

表格由作者编制,数据来源:世界银行 WB 数据库,http://databank.worldbank.org/data/reports.aspx? source = 2&country = GNB。

表 4 – 22　2011 ~ 2016 年几内亚比绍外国直接投资,净流入(国际收支平衡表)

单位:美元

2011 年	2012 年	2013 年	2014 年	2015 年	2016 年
25024047. 4	6624917. 2	19639703. 8	28852727. 7	18575499. 4	19582211. 3

表格由作者编制,数据来源:世界银行 WB 数据库,http://databank.worldbank.org/data/reports.aspx? source = 2&country = GNB。

目前，几比投资项目优惠规定，不涉及限制类的投资项目可以享受税费减半（50%）的待遇。几比限制类目录主要如下：批发零售业、经营传统初级产品出口贸易（诸如腰果、可可、棕榈油和木材等）、汽车租赁业、维修业、民建业、咖啡馆、啤酒馆、迪舞厅、餐饮业、面包房、服装店和赌博业等。在上述领域投资不享受税费减免待遇。为发展基础设施类项目，几比对在比绍以外地区实施的基础项目，减征年产值应征税额的 50%。为鼓励出口导向型投资，几比给予这类投资项目减征年产值应征税额 10% 的待遇，最长时间为六年。为发展进口替代类项目，特别是以粮食自给为目的的进口替代项目，几比给予减征年产值应征税额 10% 的待遇，最长时间为六年。为促进职业技能培训，几比给予免税待遇（具体免税幅度视情而定）。为鼓励植树造林类项目，几比对种植 10 公顷以上的项目给予免税待遇（具体免税幅度视情而定），最长时间为三年。几比政府鼓励外国投资优先发展内地、边远和岛屿等地区，虽然几比目前没有设立工业园、开发区和保税区等，但对有意开发内地、边远和岛屿的外国投资商，几比政府允诺给予土地转让等方面的优惠待遇，有关优惠政策及配套办法正在拟订中。几比私营投资促进局（DPIP）和财政部下属投资保护办（简称 GAI）受理审核给予优惠待遇等事宜，标准主要看对几比经济发展的贡献率，包括以下 10 个方面的考量因素：（1）对外结算外汇盈余；（2）国有资源及其加工增值率；（3）能否给国民经济部门注入活力；（4）能否创造新的附加值；（5）能否创造新的就业岗位；（6）投资规模在经济建设中的地位；（7）是否是新项目、新产品和新服务等，或为技术革新成果；（8）能否提供技术转让和是否适用技术转让；（9）是否符合地区发展目标；（10）是否有助于解决粮食自给。申请人需要递交下列文件：（1）自然人或法人资信材料；（2）项目财务和技术可行性报告；（3）另附项目章程（如是法人单位）或个人履历表（如是自然人）。①

---

① 中国商务部：《与我国驻几内亚比绍大使馆经商参处居朝清参赞网上交流》，http：//gzly. mofcom. gov. cn/website/face/www_ face_ history. jsp? sche_ no = 1549。

第五章

社　会

　　作为联合国公布的最不发达国家之一，几内亚比绍贫困人口超过总人口半数以上，国民生活水平极端低下，医疗卫生等各种福利保障措施缺乏，加之毒品、治安等问题日益严重，经常引发罢工等，使得几比社会发展极为缓慢。

第一节　国民生活

一　生活水平

　　根据联合国开发计划署公布的《2015年人类发展报告》，几内亚比绍的人类发展指数在188个国家中排名第178位，较前一年下降1位。2016年，几比的国内生产总值（GDP）为11.15亿美元，人均GDP为605美元，是世界人均收入最低的国家之一。[①] 2014年5月，非洲进步小组发布《2014年度非洲进步报告》显示，几比的贫困人口占全国总人口50%以上。[②] 2015年，几比城市人口占全国总人口的49.3%，从2010年至2015年，几比城镇化的年度变化率为4.13%。[③] 两个因素导致几比人类发展指

[①] 《几内亚比绍国家概况》，http：//www.fmprc.gov.cn/web/gjhdq_ 676201/gj_ 676203/fz_ 677316/1206_ 677752/1206x0_ 677754。

[②] 中华人民共和国驻几内亚比绍大使馆经济商务参赞处：《葡语非洲国家贫困人口比例》，http：//gw.mofcom.gov.cn/article/jmxw/201405/20140500578310.shtml。

[③] CIA：“The World Factbook：Guinea-Bissau”，https：//www.cia.gov/library/publications/the - world - factbook/geos/pu.html.

数低下：一是缺乏就业机会，导致普遍贫困，现金收入非常低；二是医疗卫生条件落后，缺乏保障健康的高质量的产品，人均预期寿命女性 57 岁，男性 53.4 岁（见表 5－1）。全国有劳动人口 45 万人，其中领国家固定工资的职工有 2.5 万人，占 5.5%。① 几比也是全球低技能移民比例最高的国家之一。

表 5－1　2011~2017 年几内亚比绍人口情况

年份	2011	2012	2013	2014	2015	2016	2017#
人口（百万）	1.6	1.64	1.68	1.73	1.77	1.82	1.873
人口增长率（%）	2.564	2.5	2.439	2.976	2.312	2.825	2.9
人均 GDP（美元）	686.5	603.2	622.5	609	584.9	639.7	683.1
人均 GDP 增长率（%）	6.383	－4.11	0.797	－1.954	3.734	2.851	2.5

表格由作者编制，数据来源：EIU Countrydata, https://eiu. bvdep. com/version－20171023/cgi/template. dll? product = 101&user = ipaddress&dummy_ forcingloginisapi = 1. # EIU 预测值。

几比标准电压为 220V，电源插座类型为欧式两相内置圆形插头。几比电力设施严重滞后，全国各城市普遍缺电。比绍发电厂不能满足全市最低需求，各单位都购买发电机自行发电。进入 2017 年 10 月中旬以来，因地下电网损坏，比绍市大部分街区都处于黑暗之中，加之财务困难，发电机组因缺乏保养出现一系列故障，以及电力销售系统瘫痪等，导致比绍市供电能力进一步下降。几比水电公司（EAGB）正在努力采取措施，恢复比绍市区的供电，如对地下电网抢修、聘请南非技术专家解决电力销售系统问题等。②

几比通信不发达，每百人拥有固定电话 32 部、移动电话 29 部，目前固

---

① 《几内亚比绍国家概况》，http://www. fmprc. gov. cn/web/gjhdq_ 676201/gj_ 676203/fz_ 677316/1206_ 677752/1206x0_ 677754/。

② 中华人民共和国驻几内亚比绍大使馆经济商务参赞处：《几内亚比绍首都缺电现象严重》，http://gw. mofcom. gov. cn/article/jmxw/201711/20171102664015. shtml。

定电话不能拨打国际长途，手机可以拨打国际长途电话和固定电话。国际电话拨打方式为国家区号＋城市区号＋电话号码。几比国家区号为00245。几比互联网不发达，使用普及率仅为3.1%。由于严重缺电，大多数单位（含各部委）、家庭均没有互联网，但在各大饭店和网吧可以上网，每小时上网费用为10美元左右。邮政总局设立在比绍，在省区县设立了邮政所，全国共有21个邮政机构，EMS和DHL两家公司在比绍开通了快递业务。

几比物价较贵，主要日用品、肉类均从国外进口。籼米每公斤为0.8～2美元，面粉每公斤约2美元，食用油每升约2美元，牛肉每公斤约7美元，肉鸡每公斤约3.6美元，腰果每公斤约1.1美元（带壳，未加工），大虾每公斤17～26美元，鱼每公斤5～10美元，西红柿每公斤约2.5美元，豇豆、萝卜每公斤约3美元，香蕉每公斤约2美元，苹果每公斤约8美元。在饭店就餐，每人消费为20～40美元，自助餐每人消费（酒水除外）约20美元，在酒吧咖啡每杯1～2美元。2014年7月前后，由于库存增加，几比零售市场基本商品价格略有下降。食用油、洋葱、土豆、白糖和面粉等消费类产品价格小幅下调。一袋20公斤的土豆价格从10500西非法郎下降到9000西非法郎，5升食用油从5000西非法郎下降到4000西非法郎，10公斤的黄油价格从11500西非法郎下降到9000西非法郎，50公斤面粉价格从19000西非法郎下降至17000西非法郎。商品价格下降大大刺激了消费者，商品销售量有所增加。然而大米的价格却有较大幅度增加，一袋50公斤的大米从原来的17500西非法郎上升到26000西非法郎。据联合国粮农组织统计，几比仅7%的家庭能够保证基本食品供应，70%的家庭长期缺粮，平均每户家庭72%的日常支出用于购买食品。

2015年1～11月几比通货膨胀率为1.1%，低于央行设定的2.0%的目标。[①] 由于原材料价格上涨，目前几比家具成品价格普遍上涨。例如一把木椅的价格从原来的2万西非法郎上涨至3.5万西非法郎，一张双人木床从13万西非法郎上涨至17.5万西非法郎，双人衣柜从5万西非法郎上

---

① 中华人民共和国商务部：《2015年前11个月几比通胀率为1.1%》，http：//gw. mofcom. gov. cn/article/jmxw/201512/20151201217709. shtml。

涨至 16 万西非法郎，长沙发从 20 万西非法郎上涨至 30 万西非法郎，大木箱从 9 万西非法郎涨至 15 万西非法郎（1 美元约折合 600 西非法郎）。而原材料的价格也翻倍上涨，例如，一块 2.6 米长、40 厘米宽的木材板从原来的 5000 西非法郎上涨至 1.5 万西非法郎，1.5 米长的木条从 1000 西非法郎上涨至 2000 西非法郎。[①] 2015 年 9 月，新鲜蔬菜水果和非酒精类饮料价格指数上升 1.9%，酒精类饮品价格上升 1.2%，烟草和药品类价格指数上升 2.5%，鱼类产品价格上升 5.5%。另外，面包、谷类、猪肉、鸡肉、服装和鞋类的价格指数下降，其中服装和鞋类消费价格降幅为 5.8%。[②] 2015 年 10 月 27 日，几比统计局局长维埃拉发布了几比第三季度居民消费价格调和指数（HICP）报告。与 2014 年同期相比，2015 年第三季度消费价格指数上升 1.8%。报告显示，2015 年第三季度食品和非酒精饮料的价格指数环比上升 6.5%；酒精类饮料和烟草的价格指数环比上升 2%；交通服务类消费指数上升 5%，特别是公路客运的消费指数，上升 12.5%。另外，服装类的价格指数下跌 1.7%，住房、水电和燃料的价格下跌 2.6%。[③]

几比税收体系以所得税和增值税为核心，主要税种有工业税、职业税、房地产税、附加税、销售税、印花税、交易税、燃料税。一般货物缴纳消费税 15%，进口货物缴纳海关税、销售税及其他费用，总计为货物价值的 37.5%，其中海关税 20%，消费税 15%。《2014 纳税竞争报告》[④] 由普华永道（PwC）公布，包括对 189 个经济体的税收竞争力进行排名，几比排名第 153 位，落后于西非邻国佛得角（第 80 位），稍前于圣多美和普林西比（第 156 位）。[⑤]

---

① 中华人民共和国商务部：《几比家具作坊因原材料短缺导致价格上涨》，http：//gw.mofcom.gov.cn/article/jmxw/201508/20150801091472.shtml。
② 中华人民共和国商务部：《几比 9 月居民消费价格调和指数保持稳定》，http：//gw.mofcom.gov.cn/article/jmxw/201510/20151001139867.shtml。
③ 中华人民共和国商务部：《几比今年第三季度居民消费指数（CPI）环比上升 3%》，http：//gw.mofcom.gov.cn/article/jmxw/201510/20151001149709.shtml。
④ 《2014 纳税竞争报告》的排名指标包括三个：整体税收率、处理税收时间、税收支付次数。
⑤ 中华人民共和国商务部：《2014 纳税竞争力：几比排名第 153 位》，http：//www.mofcom.gov.cn/article/i/jyjl/k/201311/20131100404322.shtml。

二 社会保障与福利

几内亚比绍经济发展缓慢，社会长期动荡不安，因此社会保障与福利措施等非常落后，但在保障妇女权益方面做得较好，在西非各国中独树一帜，这是和几比妇女积极参加民族独立斗争和独立后社会各方面建设事业，从而为自己赢得相应地位分不开的。

1973 年 9 月 24 日几内亚比绍共和国宣告成立，就在同一天颁布的几比国家宪法中明确规定：法律面前，男女平等，禁止一切形式的性别歧视。尽管几比的国家宪法几经修订和变更，但是有关"男女平等"的原则没有改变。1984 年 5 月 16 日宪法重新修订后规定：法律面前，所有公民一律平等，都享有相同的权利和负有相同的义务；严禁一切歧视，包括种族歧视、性别歧视、宗教歧视、智力或文化水平歧视等。尽管在民族解放斗争中遇到了许多困难，但是几比妇女经过不懈的努力还是取得了了很大的成功：政府颁布了有关禁止私生子的法律，禁止不正规婚姻的法律，明确妇女在一夫多妻制中所享有的权利，同时立法保护分娩期间的妇女权益，等等。

几比政府在妇女参与社会生活方面起到了促进作用。在政治方面，经常可以看到妇女在领导政党活动，以及在代表人民权利的机构中任职等，妇女的参与越来越凸显其重要意义。在经济方面，参与各种生产活动是成功解放妇女的一个基本前提，尤其在农村地区，妇女和男子一道进行各种农业生产活动，从耕种到收割粮食。除了参与农业劳动外，妇女还越来越多地参与一些普通的生产劳动，例如制盐，采集和贩卖野果，砍柴和卖柴火，棕榈油制造，养殖，等等。在城市地区，也可以在政府的各个部门和国家企事业中看到越来越多妇女活跃的身影。另外，城市中的妇女也经常做兼职以贴补家用。在社会方面，首先，妇女受教育的程度有很大提高，这要归功于长期反对"妇女无才是正道"这一传统习俗的斗争。其次，健康问题也是影响妇女生活的一个社会问题，在这个方面，全新教育观念和各种医疗知识的推广，尤其是计划生育知识和妊娠知识的传播，使妇女的健康得到了明显的保障。当然，那些危害妇女健康的陋习仍然存在，比如堕胎、割礼、未婚先孕等（见表 5 - 2）。

表 5 - 2 几内亚比绍童工、童婚、割礼情况

2010～2016 年童工比例(%)			2010～2016 年童婚比例(%)		2004～2016 年女性割礼比例(%)	
总共	男性	女性	15 岁结婚	18 岁结婚	妇女	女孩
51	50	53	6	24	45	30

表格由作者编制，数据来源：UNICEF, The State of the World's Children 2017：Children in a Digital World, p.183, https：//www. unicef. org/publications/files/SOWC _ 2017 _ ENG _ WEB. pdf。

近年来，几比政府与社会各界逐步重视对妇女与儿童的保护工作。2013 年 7 月 18 日，几比议会通过惩治家庭暴力犯罪草案，家庭暴力罪最高可判处长达 12 年的监禁，国家建立了受害者收容所。2013 年 11 月 18 日，非洲儿童政策论坛公布非洲国家儿童友好指数①，几比的儿童优惠政策在 52 个非洲国家中排名第 40 位（见表 5 - 3），几比政府已经批准了一些保护儿童的区域和国际法律，如非洲宪章关于儿童权利和福利的部分，并禁止那些伤害儿童的传统习俗。2013 年 10 月 17 日，几比司法部和教育部联合签署了一份关于从出生婴儿到学校学籍登记制度的合作协议。联合国儿童基金会表示，这是完善几比民事登记服务的重要举措，将规范儿童和青年的个人档案，该机构将协助两个部门共同完成登记制度。据联合国儿童基金会数据，目前几比 0～5 岁儿童档案注册率仅为 24%。2015 年 3 月 10 日，几比总理佩雷拉在东部地区加布参加水稻脱壳机交接仪式上宣布，政府通过经济部和财政部于 3 月 11 日启动向全国妇女农业生产者提供小额信贷计划，妇女们可以利用小额信贷租用农业机械进行耕种收割，既能提高工作效率又可节省体力。妇女小额信贷在全国范围内发放，将有助于增加妇女收入和满足当地民众增加收入的需求。

同时，几比政府和国际社会也日益加强合作，重视妇女儿童权益的保护与发展，并取得了一定的成效。自 1996 年起，几比与国际社会一道开始实行一项旨在促进儿童权利的国际计划，并制定了广泛的内容，在教

---

① 该指数通过对教育、健康和防止虐待儿童的法律保护等方面取得的进展进行评价。

育、卫生等领域促进和改善儿童的生活、学习条件，以确保所有儿童都能享有自己的权利。2012 年 5 月 8 日，美国非政府组织"救助儿童会"公布了 2012 年度"母亲指数"。几比成为全球 165 个国家中对于母亲来说待遇最差的 4 个国家之一，在这些国家，女性分娩死亡率高，缺少避孕措施，而且收入低。几比女性中没有受到 5 年教育的低学历妇女占很大比例。

表 5－3　2011~2016 年几内亚比绍 5 岁以下儿童死亡率

单位：‰

2011 年	2012 年	2013 年	2014 年	2015 年	2016 年
108.5	103.5	99.0	94.9	91.3	88.1

表格由作者编制，数据来源：世界银行 WB 数据库，http：//databank.worldbank.org/data/reports.aspx？source=2&country=GNB。

2013 年 4 月 8 日，欧盟宣布支持几比妇女参加和平建设的培训计划。该项目总投资为 45 万欧元，目的是加强巴法塔、卡谢乌、比绍等地区妇女对性别暴力和冲突的应对能力，保护妇女权益。该培训内容包括妇女人权、女性领导工作和预防性别暴力等。7 月 29 日，几比过渡政府与联合国粮农组织签署了一份改善几比东部和北部社区和学校食堂粮食安全和营养的援助协议。该项目援助金额为 45.4 万美元，以改善粮食安全和学生营养状况，同时鼓励妇女社区协会增加农作物种植面积，以提高妇女收入。9 月 21 日，葡萄牙驻几比大使馆宣布在几比推出系列儿童康乐活动，内容包括讲故事、游戏、话剧和动画电影展播等。至 2013 年底，世界银行在几比援助的 152 个项目中，已经完成 90 个。其中包括新建 62 个供水点、修建 35 千米乡村道路，新建和修复 19 所学校和 63 间教室。这些项目的建成，能让 5000 名孩子有书读，2 万人有干净的饮水喝。

2014 年 2 月 4 日，非政府组织"东帝汶合作社"向世界粮食计划署转交 13.3 万欧元，为几比 7200 名 5 岁以下儿童及部分孕妇和哺乳期妇女提供约 158 吨的营养食品。2 月 14 日，多家联合国机构向几比妇女组织援助一批农具和 20 公斤种子。除援助农业物资外，还组织农业培训课程，其目的是让妇女在传统的农业活动中发挥更大的自主权。2月26日,欧盟与世界粮食计划署(PAM)签署了一份有关"营养与农业综合发展计划"的协议,欧盟提供500万欧元为几比全国营养不良儿童、孕妇、哺乳期妇女以及结核病患者提供三年的食物,直接受益人约5.6万人。4月19日,联合国儿童基金会驻几比代表处发表声明称,该组织为几比3万居民改善水质和卫生设施,旨在降低几比儿童死亡率和发病率。12月3日,联合国儿童基金会发布声明称,为了使几比女童和妇女避免遭受暴力侵害,该基金会与欧盟联合采取干预措施,在多地为受害妇女和儿童建设安全住所,以远离罪犯;并对受害者进行心理辅导,提供关怀、保护与支持措施。12月3日,世界银行与几比政府签署了一份向几比援助485万美元的赠款协议。同时,世界银行还与世界粮食计划署几比代表处签署了另一个向几比援助215万美元的协议。该两项资金专门支持几比的弱势群体。12月9日,几比地方发展和经济振兴专业协会在几比北部卡萨芒斯地区推出的农业项目获得联合国称赞,该项目让几比约600名妇女获得所耕种土地的所有权。该项目由西班牙非政府组织团结联盟与几比地方发展和经济振兴专业协会联合实施,项目投资3万欧元。

2015年1月11日,联合国儿童权利委员会召开了第68届会议,委员会批准几比签署《儿童权利公约关于儿童卷入武装冲突问题的任择议定书》(简称《任择议定书》)①。1月15日,在几比评估恢复双边合作条件的欧盟特派团团长萨迪克宣布,欧盟向几比提供2000万欧元预算来支持几比发展。该金额在2015年第一季度提供给几比政府,主要用于教育、卫生和国防等领域的改革与安全事务。2016年6月,联合国世界粮食计划署发表声明称,美国政府通过该机构向几比全国小学校捐赠共计4000吨不同种类的粮食,

---

① 该《任择议定书》旨在保护武装冲突中的儿童不被作为儿童兵招募和使用。《任择议定书》承诺:缔约国不接受未满18岁的儿童入伍并将其送至冲突前线;缔约国不征召未满18岁的儿童;缔约国将采取一切可能的措施防止类似征召和招募行为——包括立法防止征召和使用未满18岁的儿童兵等。遣散所有被征召和使用的未满18岁儿童,并为其提供身心康复服务,帮助其重返社会。迄今已有159个国家批准了《儿童权利公约关于儿童卷入武装冲突问题的任择议定书》。

专门为在校小学生提供营养午餐，该项目将使几比 1000 多个小学的 17.3 万名小学生受益，目标覆盖率为 75%。[1]

2017 年 9 月，几比表示，将从西非国家经济货币联盟获得 100 亿西非法郎，用于建设社会住房。此住宅建设项目将在 2017 年开始启动，预计 2020 年建成。这是自几比加入西非经货联盟以来，第一次得到该联盟的项目资金援助，该项目也将有助于解决几比人民的住房问题。[2]

第二节 社会问题

一 概况

自 1974 年独立开始，几内亚比绍的社会治理就一直伴随着政治上的动乱而十分混乱。政府部门分布与机构设置的滞后性、重复性及交叉性导致政府机构人员结构性臃肿，无法履行其正常的职能和提供公共服务。虽然几比已于 1994 年开始实行多党制，但几比的领导层仍倾向权力集中，致使管理层内部分歧严重，决策难以贯彻执行。加之基层组织与中央政府之间关系紧张，使政府机构事实上处于瘫痪状态。在撒哈拉以南的国家中，几比法治的不健全和政府效率的低下是比较突出的，几比社会存在着巨大的不平等。

由于管理机构臃肿、效率低下，政府无法实行长期、有效的运作，加之腐败严重，官民对立，社会网络与社区机构应运而生。几比民众只好依靠社会网络与社区机构解决上学、互助、休闲、安全、冲突等问题。

目前，几比存在一系列的社会网络。首先，最常见的是基于亲属关系和宗教、邻里等关系所组成的网络。在这种网络中，亲属关系往往是获取食物与金钱帮助的重要来源，而一些家庭参与当地宗教团体，比如天主

---

[1] 中华人民共和国驻几内亚比绍大使馆经济商务参赞处：《世界粮食计划署向几比小学校提供营养餐项目》，http://gw.mofcom.gov.cn/article/jmxw/201606/20160601337673.shtml。

[2] 中华人民共和国驻几内亚比绍大使馆经济商务参赞处：《西非经货联盟援助几比建设社会住房》，http://gw.mofcom.gov.cn/article/jmxw/201709/20170902640513.shtml。

教、基督教和伊斯兰教会等，这些宗教团体可以给成员提供物质帮助。其次，地方学校和卫生机构被几比民众视为最值得信任的组织，尤其在农村地区更是如此，而司法机关、警察，甚至中央政府等机构的受信任程度反倒较低。可以看出，在几比的贫困者中，教育和医疗等地方机构更易被接受与被信任。最后，一些非政府组织为改善几比民众的生活水平做出了很大努力。几比1991年宪法颁布后允许结社自由，自此，一些非政府组织开始组建，例如司法信息与培训中心（the Center for Judicial Information and Orientation），几内亚研究和选择协会（the Guinean Association for Studies and Alternatives），几内亚人权联盟（the Guinean League for Human Rights）等。而一些青年组织则由几比青年组织国家网络（the National Network of Youth Organizations of Guinea Bissau）来协调。此外，体育协会也积极运作。几比还成立了红十字会和博爱国家分会（the Red Cross Society and Caritas）。

二 当前社会热点问题

（一）罢工问题

由于几比政局动荡，经济衰退，社会治安欠佳，几比的工会组织近年来举行了多次全国罢工。例如，2013年2月18日，几比公立学校教师在几比全国教师工会组织下开始进行为期一个月的罢工，有5000名教师参与，罢工教师要求政府支付拖欠工资、缩短工作时间和缩减班级人数。5月7日，因政府连续几个月未发工资，全国教师工会和教师民主联盟宣布公立学校教师总罢工。6月5日，几比公共卫生部门举行为期7天的总罢工，医务人员要求支付拖欠数月的工资和公共日常管理费，本次罢工有75%的医务人员参加，严重地影响了首都西芒·门德斯医院的正常运营。8月12日，几比渔钓监理工会联盟宣布，由于拖欠工资，该部门将开始为期15天的罢工活动，罢工从8月9日开始，在罢工期间，几比海域内停止海上监管活动。8月23日，几比水电公司宣布进行为期15天的罢工，原因是政府拖欠发放37个月的工资。在罢工期间，首都比绍停止供电和供水。9月23日，几比邮政局工人封闭总部大楼，组织活动抗议政府自 2007 年以来所拖欠的 52 个月的工资。由于封闭大楼，也造成了和邮政局在同一幢大楼里上班的几比电信和几比移动运营商无法正常营业。10 月 16 日，几比电视台（TGB）员工举行为期 3 天的罢工，罢工委员会发言人称，此次罢工是要求政府支付拖欠工资和改善工作条件。在罢工期间，TGB 只播出 15 分钟的电视新闻，不包括国际新闻。此次罢工波及单位还包括几比国家广播电台、《前进报》和《最新消息报》等单位。10 月 23 日，几比全国总工会宣布，如果过渡政府不为住在郊区的员工恢复交通服务，他们于 10 月 28 日至 11 月 1 日举行为期 5 天的总罢工。10 月底，因政府拖欠教师工资，教师已经持续罢工 3 个月，公立学校处于无人上课的状态，严重影响了教学工作。

2017 年 6 月 5 日，几比教师长期被拖欠工资，几比教师工会与政府协商后，双方签署了谅解备忘录，政府承诺对教师的薪酬做出调整，并支付其拖欠工资，但政府到 2017 年 11 月仍未履行承诺。因此，几比教师工会副主席埃乌塞比奥·科宣布，如果政府仍然不尊重双方签署的最后一个谅解备忘录，广大教师将抵制 2017/18 新学年开课。[①] 这种行业性罢工，使几比社会经常处于瘫痪状态，停电、停水，医院停诊，学校停课，每次罢工不仅影响几比本国的国民经济，也影响到了在该国投资经营的外籍商人，而历届政府对此并无解决的良方，只能依赖罢工的自然结束与国际社会的援助。

（二）毒品问题

目前，毒品问题已经成为几内亚比绍的一大社会痼疾。造成这一问题的主要原因，从主观方面来说，是几比国内常年的政治动荡、经济发展滞后，使几比社会与民众极端贫穷落后，这无疑是滋生毒品问题的温床，贩毒的巨大暴利使得许多国家公务员、普通民众都甘愿投身其中。同时，几

---

① 中华人民共和国驻几内亚比绍大使馆经济商务参赞处：《几内亚比绍教师因被拖欠工资威胁抵制新学年开课》，http://gw.mofcom.gov.cn/article/jmxw/201711/20171102664014.shtml。

比国内政治生态非常糟糕，腐败指数极高，"透明国际"公布的 2017 全球清廉指数排名，几比名列第 171 位（见表 5 - 4）。

表 5 - 4　2012～2017 年几比的国际清廉指数得分*

2017 年排名	国家/年份	2017	2016	2015	2014	2013	2012
171	几内亚比绍	17	16	17	19	19	25

　　*该指数以各国际组织及智库收集的数据为依据，对各国政治家及公务员等的清廉度进行评分，满分为 100 分。此次的最高分为 90 分，最低分为 8 分。

　　表格由作者编制，数据来源 Transparency International：Corruption Perceptions Index 2017，https：//www.transparency.org/news/feature/corruption_ perceptions_ index_ 2017。

　　在几比贩毒的风险几乎为零。这里没有满街打呵欠的瘾君子，也没有路边斩杀叛徒的血腥场面，进行毒品交易几乎没有暴力。对于一个毒枭来说，几比的环境相较于哥伦比亚和阿富汗更加安全。从客观方面来说，几比的地理位置也为国际毒品交易带来了便利。首都比绍离巴西东部和西班牙南部的直线距离都不超过 3000 千米，这对于中程私人飞机来说可以轻易飞抵，因此几比就成为拉丁美洲和欧洲贩运毒品的主要枢纽。根据联合国毒品和犯罪问题办公室的统计，在西欧国家街头消费的可卡因中，大约 1/4 是经过西非海岸转运来的，而其中绝大部分来自几比。况且，几比是一个群岛国家，有些无人居住的岛屿没有实施军事保护，这也为有组织犯罪和贩毒提供了有利条件。此外，几比位于塞内加尔和几内亚之间，有容易通过的边界、不显眼的机场和几乎无所作为的政府，该国也未与任何国家签订过引渡协议，这些都为毒枭带来了便利。

　　几比的毒品问题已经非常严重。联合国毒品和犯罪问题办公室认为，几比可被称为世界上唯一的毒枭国度。该机构一名高级官员说："在阿富汗和哥伦比亚，毒枭仅掌控个别省份，而在这里，毒枭控制的是整个国家。"可卡因到达几比后，通常用以下三种方式运出该国，而这些"多功能"路线不仅用来贩毒，也用于贩卖人口和武器。一是委内瑞拉人用快艇走水路抵达佛得角，甚至远至加那利群岛，有时，渔民们不得不"顺道"帮毒枭捎上几箱，因为毒枭以渔民家人的性命为要挟。二是陆路从几比通过塞内加尔、毛里塔尼亚、西撒哈拉，进入摩洛哥，这是一条令西方情报机构都感到可怕的路径：图阿雷格部族、走私犯、激进的伊斯兰组织和人贩子等形形色色的危险人物在这条道上出没，然而，只要有足够的钱，就可以建立一条通行无阻的运输路线。三是"腹吞毒品"，吞毒品的通常是尼日利亚人，他们吞下装有约 1 公斤可卡因的小气球通常可以获得 800 英镑的报酬，然后力争乘坐商业航班到达里斯本和佛得角。在比绍，1 公斤纯可卡因的成本是 12000 欧元，但欧洲批发商购买的价格则是 30000 欧元。有时军方和毒枭相互勾结各谋其利，从而导致几比毒品中介贸易的发展。几比的毒品问题不仅是社会热点问题，而且是国家政权问题。2012 年底，南非安全研究所发表《需要领导力：贩毒与西非国家危机》报告指出，当年 4 月几比发生的军事政变反映了国际贩毒集团想要公开直接控制几比国家权力以保障其对贩毒的持续掌控。①

　　近年来，几比政府开始与国际社会一道加强打击毒品犯罪。首先，几比政府高层表达了禁毒的决心。2012 年 12 月 27 日，几比武装部队总参谋部发言人瓦尔纳宣布，将与国际社会一道，毫不妥协地打击贩毒行为，改善国家不良形象。2013 年 3 月 12 日，几比司法部部长巴尔代在司法警察成立 30 周年的仪式上说，几比过渡政府打击有组织犯罪和贩毒的力度在加强，同时，他呼吁国际社会对几比打击贩毒的努力予以进一步的物质和资金支持。当天，几比国家司法警察局在比绍焚烧了之前在维埃拉国际机场缴获的 236 粒可卡因胶囊（约 3.436 公斤）和 16 包麻醉品（约 375 公斤），并抓获 5 名从巴西到几比的毒品犯罪嫌疑人。2014 年 7 月 4 日，几比新任总统瓦斯在政府就职仪式上呼吁全国民众和新政府共同努力，打击腐败和毒品贸易，新总理佩雷拉也重申了政府的反腐决心，同时指出为了改善国家形象，几比必须加大对毒品贸易的打击力度。

　　其次，国际社会对几比的毒品问题极为关注。6 月 26 日是"国际禁毒日"，2012 年联合国毒品和犯罪问题办公室发布《2012 年世界毒品报

---

　　①　苑基荣：《美国对非洲战略加剧毒品蔓延》，《人民日报》2012 年 12 月 25 日。

告》指出，几比"4·12"政变后的贩毒现象较之前更严重，包括政府官员有可能与国际毒犯共同操作。2012年12月5日，联合国秘书长潘基文说，自"4·12"军事政变以来，在几比，贩毒和有组织犯罪活动大幅增加。潘基文在联合国安理会会议上重申，面对不断上升的犯罪率，联合国需要建立一个专家小组，调查几比的贩毒活动和有组织犯罪行为。12月18日，美国驻几比大使卢肯斯也提到几比一些政治和军事领导人参与贩毒的事。国际社会给予几比政府各方面的支持，并与之加强合作，帮助其禁毒。2008年6月18日，欧盟委员会向几比社会通信机构汇款200万欧元，用于几比打击贩毒和有组织犯罪。2010年3月初，巴西宣布在几比投资建立一所国家警察培训中心，以协助打击毒品在西非地区的贩运。2014年10月24~27日，几比议会、政府和联合国禁毒办举行高级别会议，讨论贩毒和有组织犯罪对几比安全构成的威胁，以及议会和政府打击有组织犯罪和加强法治的职能作用等。11月20日，欧盟宣布出资62万欧元，帮助几比打击跨国犯罪，特别是打击毒品交易和人口贩卖，该项目具体由联合国毒品和犯罪问题办公室几比办事处协调，由国际刑警组织和几比司法警察、治安警察、国民警卫队、边境警卫队等共同监督执行。2015年7月8日，几比警察总局"毒品检测实验室"落成，该实验室由欧盟出资援建，目的是加强几比司法系统的能力建设，帮助几比政府打击毒品贩运。2016年3月，欧盟驻几比大使表示，欧盟无条件支持联合国在几比打击贩毒和有组织犯罪的工作。

此外，美国根据自身需要，还直接参与打击几比的贩毒活动。2010年4月7日，由于涉嫌贩毒，美国宣布冻结几比前海军少将楚托和空军参谋长卡马拉在美国的资产，并禁止美国公民与此两人有任何商业贸易方面的来往。在西方眼中，楚托既是名副其实的"毒品之王"，也是几比动乱的制造者。2013年4月2日，在佛得角附近的国际水域，美国缉毒人员抓获楚托等人，并将其带往纽约。美国缉毒局宣称这是"针对恐怖主义和国际毒品走私的重大胜利"。4月15日，楚托出现在纽约法院听证会上，被宣判终身监禁。4月18日，美国司法部宣布对几比武装部队总参谋长因贾伊提出多项与贩毒有关的指控。美国缉毒局的做法是打击几比贩

毒活动方面的一个转折点。这是对几比的精英以及将该国作为贩毒中转路
线的人发出的一个强烈信号：国际社会不会允许几比变成一个贩毒平台，
而且要解决这个问题就需要加强在几比的国际禁毒力量，国际社会也应为
此向几比提供资金和人力资源方面的支持和援助。

（三）治安管理

几内亚比绍治安状况不容乐观。2014 年 9 月 29 日，《伊布拉辛
（Ibrahim）非洲国家治理指数（IIGA）2014》① 发布，几比在 52 个非洲
国家中排名第 48 位，足见问题之严重。究其原因，主要是国内政治混
乱，经济落后，加之毒品问题严重，大量枪支弹药散落民间，国家司
法制度不健全，管控力度太弱，造成腐败、偷盗、抢劫、入室盗窃等
案件时有发生。2003 年 2 月 10 日，中国驻几比大使高克祥等 3 人在大
使官邸被 4 名持枪歹徒劫持，所幸最终脱险。2012 年 6 月 20 日，窃贼
进入位于比绍市中心的身份证中心办公室，拿走了 10 台电脑和椅子，
导致该部门无法工作。6 月，比绍不同的街区不断发生持枪抢劫和武力
袭击的事件，警方陆续抓捕了 35 名青年罪犯入狱，但不久，由于狱警
疏忽，竟发生一起 17 名青少年罪犯集体越狱事件。7 月 21 日，负责发
放几比南部基纳拉省警察局 7 月份工资的公务员贾布里勒·杜尔携款
超过 30 万西非法郎逃跑。2013 年 9 月 24 日，一名中国广东籍木材商
在巴法塔地区受枪袭身亡。2015 年 3 月 27 日，几比国家体育场电缆被
盗，损失约 45 万美元，经调查，是警察总署 2 名警察和国民警卫队 3
名指挥官监守自盗。此外，周边国家的一些不法之徒也在几比流窜作
案。2010 年 3 月底，几比市场发现大量欧元假钞，给当地市场消费者
造成巨大的心理恐慌。几比警方抓获几比籍嫌犯 1 人，另 2 名嫌犯来自

---

① IIGA 围绕诸如国内安全和治安、公民参与和人权、可持续经济机会和人才发展等不同领
域进行综合评价。其他葡语非洲国家排名如下：佛得角排名第 2 位，圣多美和普林西比
排名第 12 位、莫桑比克第 22 位、安哥拉第 44 位。IIGA 由"莫·伊布拉辛基金会"（由
苏丹亿万富翁莫·伊布拉辛于 2006 年成立）编制，以支持在非洲推动良好管治。IIGA
于 2007 年首次推出，其后每年更新一次并予公布，向国民、议会和政府各部门展示政
府管治有否改善。

塞内加尔和几内亚。

几比政府与司法部门现已对治安问题高度重视,2010年3月底,几比成立的专门调查小组整顿和清理政府各职能部门的"虚假职位"和"幽灵职位",共清理出17万欧元并交回国库,这显示了几比政府打击腐败的决心。2012年8月14日,几比警察总署宣布为整治交通秩序、预防犯罪和其他非法行为,对无牌照汽车、已经过期的国外牌照汽车、深色车窗玻璃的车辆进行整顿。9月29日,几比过渡政府总理巴罗斯发给内政部8辆双排座皮卡警车,以加强几比警察署的执法能力。2013年2月18日,几比过渡政府批准国家新闻出版社生产生物识别护照,将存有公民生物识别信息的芯片植入护照里,这对保护公民安全、打击刑事犯罪及预防恐怖袭击具有重要作用。

国际社会近年来也给予几比大力支持,以推动和帮助其进行治安管理。2012年3月8日,西非经货联盟司法法院向几比司法系统援助一批办公室计算机设备,目的是缓解几比司法系统的办公需求和提高其业务能力。4月7日,快速干预警察官员培训研讨班在比绍举行,这是几比政府与巴西联邦警察署、葡萄牙使馆、联合国驻几比和平建设办公室及联合国禁毒办协作,由欧盟资助的项目。9月5日,葡萄牙Portway公司开始对几比机场安检技术人员进行培训,目的是提高几比机场安检人员的业务水平。10月25日,约350名在安哥拉接受半年培训的几比警察陆续返回几比,他们回国后将有助于保障和改善几比的安全状况,警力将覆盖整个国家。10月31日,联合国几比和平建设办公室赠送比绍军方社区警察署一辆双排座巡逻警车,该警察署为减少社区犯罪做出了贡献,被评为模范警署。2014年10月30日,中国援建几比国家司法大楼项目举行隆重的奠基仪式。12月1日,葡萄牙内政部与几比内政部开始培训合作,对几比警察、移民和边境局高级官员等进行专业培训。12月10日,葡萄牙向几比内政部捐赠警察制服和装备,总价值约6万欧元。2016年3月14日,西班牙训练舰"塞古拉河号"抵达比绍港口,开始对几比国民警察进行为期3天的警务培训,培训课程在训练舰上举行,主要针对打击几比非法捕捞、非法移民、毒品和人口贩卖等犯罪活动。①

几比每年还与联合国驻几比和平建设办公室联合举办刑事司法论坛，讨论处理新的犯罪形式、性暴力和军事犯罪的国际原则等，参与者相互交流经验，并提出国家为预防和打击有组织犯罪的发展战略，让几比拥有一个更快速、高效、强大的刑事司法系统，与会者包括司法部、国防部、国民议会、民事和军事法院、司法部门工会联盟、几比法学院、几比律师协会、民间社会人士、非政府组织等。

2017年4月7日，非盟驻几比代表处向几比国际刑警办公室捐赠一批物资，加强几比边界过境点防控管理。捐赠物资为警用办公装备物资，包括1辆汽车、3辆摩托警车、3块太阳能电池板以及3台笔记本电脑，总价值约10万美元。②

但由于国家法制不完善，机构建设滞后，社会贫穷落后，几比的治安问题与毒品问题将不会在短期内获得解决，几比政府仍需要与国际社会一道共同努力，提升国家治理能力，稳定社会秩序，减少贫困，以消除犯罪滋生的土壤。

第三节　医疗卫生

一　医疗服务与保障、医疗卫生制度

由于气候炎热、多雨潮湿，又加上医疗卫生设施落后，几比的医疗卫生状况堪忧。政府为改善和提高医疗卫生条件以及服务质量，从1989年1月1日起实行全民免费医疗。2015年，几比医疗卫生总支出③占国内生产总值的6.88%（见表5-5）。

---

① 中华人民共和国驻几内亚比绍大使馆经济商务参赞处：《西班牙训练舰抵达几比开始进行警务培训》，http://gw.mofcom.gov.cn/article/jmxw/201603/20160301275868.shtml。
② 中华人民共和国驻几内亚比绍大使馆经济商务参赞处：《非盟向几比国际刑警捐赠物资加强边界过境点防控管理》，http://gw.mofcom.gov.cn/article/jmxw/201704/20170402556035.shtml。
③ 医疗卫生总支出为公共医疗卫生支出与私营医疗卫生支出之和。涵盖医疗卫生服务（预防和治疗）、计划生育、营养项目、紧急医疗救助，但不包括饮用水和卫生设施提供。

表 5 - 5   2010~2015 年医疗卫生总支出占 GDP 的百分比

单位：%

2010 年	2011 年	2012 年	2013 年	2014 年	2015 年
6. 16	5. 40	4. 76	4. 67	6. 29	6. 88

表格由作者编制，数据来源：World Health Organization，Global Health Expenditure Database，http：//apps. who. int/nha/database/ViewData/Indicators/en。

几比全国有中心医院 2 所，省、县级医院 16 所，卫生所 130 个，病床 1187 张，医生 150 名（含国际合作者）。40% 的人能享受医疗服务（见表 5 - 6）。根据联合国开发计划署公布的《2014 年人类发展报告》，几内亚比绍的人类发展指数在 187 个国家中排名第 177 位，与前一年持平。人均预期寿命 54. 3 岁。2014 年进行的第五轮多指标类集问卷调查结果显示，几比 2014 年儿童死亡率，从 2010 年每千人死亡 116 人降低到每千人死亡 89 人。但几比仍是全球 162 个国家中新生儿死亡率最高的 10 个国家之一。目前全国只有不到一半的产妇有条件到医院进行分娩，每 10 万名孕产妇死亡率为 900 人，在农村地区，只有 1/3 患肺炎的儿童能用上抗生素。2014 年 5 月 20 日，《柳叶刀》（The Lancet）杂志公布一项研究，从 1990 年到 2012 年，几比新生儿死亡率降低了 22%，2012 年几内亚比绍的新生儿死亡率为 45. 7‰，是全球排名第三个最危险的新生儿国家。

表 5 - 6   2015 年几内亚比绍卫生情况

单位：%

基本水源的使用率			基础卫生设施的使用率		
全部	城市	农村	全部	城市	农村
69	85	54	21	35	8

表格由作者编制，数据来源：UNICEF，The State of the World's Children 2017：Children in a Digital World，P163，https：//www. unicef. org/publications/files/SOWC_ 2017_ ENG_ WEB. pdf。

二   医疗卫生现状

艾滋病已成为非洲第一、世界第四的死亡原因。一项最新的研究成果表明，HIV-2 最早就是出现在 20 世纪 40 年代前后的几内亚比绍。目前，几比是全球艾滋病感染最严重的国家之一，联合国相关机构监测数据显示，全国 15～49 岁人群中艾滋病感染率为 5.3%，在西非地区位列榜首（见表 5-7）。至 2014 年底，几比有超过 4.2 万人感染了艾滋病，其中有超过 3 万人需要抗反转录病毒药物治疗，但目前只有约 8000 人通过葡萄牙和巴西提供的基金获得了药物治疗。疾病分布情况是在东部与几内亚和塞内加尔接壤的巴法塔和加布为最严重感染地区，而几比中北部地区的奥约、比翁博和博拉马岛为艾滋病患病率最低的地区。

表 5-7 2016 年几内亚比绍国内艾滋病情况

艾滋病毒感染人数			艾滋病毒致死人数			孕妇接受抗反转录病毒药物进行母婴阻断率（%）	艾滋病毒感染者接受抗反转录病毒药物治疗率（%）		
各年龄段	15 岁以下儿童	10～19 岁青少年	各年龄段	15 岁以下儿童	10～19 岁青少年		各年龄段	15 岁以下儿童	10～19 岁青少年
36000	4200	2100	2000	<500	<200	85	33	15	—

表格由作者编制，数据来源：UNICEF, The State of the World's Children 2017: Children in a Digital World, P167, https://www.unicef.org/publications/files/SOWC_2017_ENG_WEB.pdf.

自 1986 年以来，霍乱被列为几比八大流行性疾病之一。几比每年 5 月开始进入雨季，这也是最易暴发霍乱的时期。2012 年，几比有 4103 人感染霍乱，其中 44 人死亡。2013 年，几比霍乱疫情造成 20 多人死亡，200 多人被感染，特别是在几比南部通巴利和基纳拉地区。此外疟疾是造成几比 5 岁以下儿童死亡的主要原因，每年疟疾死亡率为 0.1% 左右。

埃博拉出血热是人类迄今发现的致死率最高的病症之一，致死率高达 90%，目前尚无有效疗法。2014 年 2 月开始暴发于西非的埃博拉病毒疫情，在几比国内虽没有发现感染病例，但几比政府也与国际社会一道努力对疫情进行了积极防控。

疾病在几比流行的主要原因有以下几个：一是频繁的国内战争与冲突加剧了疾病的传播，战争造成的社会瓦解和暴力让输血和为当地军人提供性服务的人感染上艾滋病；二是社会基础设施的缺乏，例如，霍乱主要是通过粪便及被粪便污染的水传播，干净水源的缺乏加速了该病蔓延；三是几比国家极度贫困，缺医少药，缺少基本的医疗设备，甚至连一般常规检查也无法进行，不能满足老百姓看病的需求；四是几比社会发展严重滞后，民众没有良好的卫生习惯。

现在几比政府对国内的医疗卫生比较重视，在全国范围内对公众商业用水质量进行监察，以保证几比人民的用水安全，并多次进行全国性的卫生动员。近年来，几比政府多次开展全国性的预防霍乱、疟疾等卫生运动，呼吁几比广大民众、公务员、军人和准军事人员积极参与，在全国范围内分发经抗疟药物浸渍的蚊帐，并呼吁广大市民使用蚊帐，以减少疾病传染，几比政府还为此获得非洲领导人抗疟联盟（ALMA）授予的抗疟疾卓越奖。根据世界卫生组织 2014 年度报告数据，几比疟疾死亡病例下降了 47%。2015 年，几比疟疾病例 14.3 万人次，30% 病患为 5 岁以下儿童。其中，死亡人数约 500 人，5 岁以下儿童 133 人。①

2014 年 3 月 24 日，几比官方启动埃博拉疫情预警机制。8 月 5 日，针对埃博拉疫情，几比政府开始培训全国专业卫生人员，以加强国家公共卫生体系建设。8 月 12 日，根据国家防护埃博拉疫情"紧急医疗方案"，几比政府决定关闭与几内亚接壤的南部和东部陆地边境，从 8 月 15 日起全国全面启动献血活动，防止疫情暴发导致血库告急。8 月 18 日，几比卫生部、内政部发布联合法令，从即日起，全国禁止举行各种公共仪式，国家将加强对食物、饮用水的管理，以防埃博拉疫情在几比暴发。8 月 20 日，几比卫生部获得一批由法国梅里埃基金会②赠送的埃博拉病毒检试剂盒。

2015 年 11 月 27 日，在几比卫生部、司法部联合倡议下，国家建立

①　中华人民共和国驻几内亚比绍大使馆经济商务参赞处：《几比疟疾死亡病例下降 47%》，http：//gw.mofcom.gov.cn/article/jmxw/201605/20160501310645.shtml。
②　梅里埃基金会对急性呼吸道感染在病原学和新发呼吸道病毒的进化变异研究方面开展了深入的研究，每年在发展中国家投入大量的人力和物力进行呼吸系统疾病等方面的科学研究。

婴儿出生登记室，以加强婴儿出生民事登记制度。近几年来，几比还很重视防治脊髓灰质炎工作，在世界卫生组织、联合国儿童基金会等国际组织的支持下，防治脊髓灰质炎接种工作取得成功，全国零病例。2016 年 5 月，几比卫生部宣布，为消除脑膜炎流行病，免费在全国 1～29 岁人口中展开脑膜炎 A 型疫苗接种。[①] 2016 年 5 月和 2017 年 1 月，几比卫生部分别宣布向全国 6 月龄至 5 岁婴幼儿免费提供维生素 A 补充剂和驱虫药，旨在消除肠道寄生虫病。[②]

　　国际社会在医疗卫生方面也给予几比大力的支持与援助。联合国儿童基金会、国际卫生组织、欧盟等国际组织多次援助几比资金，以帮助几比学校、卫生中心和医院等基础设施的建设和预防疾病的扩散，推动该国医疗卫生事业的发展。2013 年 4 月 27 日，欧盟宣布向世界卫生组织捐赠 20 万欧元以控制在几比出现的霍乱疾病。10 月 3 日，世界卫生组织向几比过渡政府捐赠一批价值约 2 亿西非法郎（折合约 40 万美元）的医疗物品，帮助几比应对霍乱疫情。2014 年 2 月 19 日，联合国计划开发署向几比过渡政府赠送了 95 万顶经抗疟药物浸渍的蚊帐。9 月 6 日，世界银行拨款 50 万美元专项资金帮助几比预防埃博拉疫情。12 月 22 日，全球基金多部门协调委员会宣布投入超过 3000 万欧元用于治疗几比的艾滋病、疟疾、结核病等疾病。其中 200 万欧元用于几比卫生基础设施建设。2015 年 1 月 15 日，欧盟驻几比代表处与几比政府签署了一份总投资 7.43 亿西非法郎的合作协议，以帮助几比加强防控埃博拉疫情。6 月 18 日，几比政府、全球疫苗免疫联盟（GAVI）、联合国儿童基金会和世界卫生组织在几比全国范围内推出抗肺炎球菌和腹泻性轮状病毒疫苗。2015 年 12 月 4 日，几比卫生部获得联合国儿童基金会 32.8 万欧元捐赠，以开始新一轮给 5 岁以下儿童接种麻疹疫苗、补充维生素 A 和驱虫活动（见表 5-8）。12 月 7 日，世界卫生组织驻几比

[①]　中华人民共和国驻几内亚比绍大使馆经济商务参赞处：《几比在全国展开脑膜炎 A 型疫苗接种》，http://gw.mofcom.gov.cn/article/jmxw/201606/20160601336816.shtml。

[②]　中华人民共和国驻几内亚比绍大使馆经济商务参赞处：《几比向适龄婴幼儿免费发放维生素 A 补充剂和驱虫药》，http://gw.mofcom.gov.cn/article/jmxw/201701/20170102499098.shtml。

代表处向几比卫生部捐赠一批物资设备，总价值约 25 万美元，有助于加强几比卫生部能力建设，对预防埃博拉、霍乱等疾病起到重要作用。2016 年 11 月，由联合国人口基金会援建的几比门德斯国家医院两个剖腹产手术室正式启用。① 12 月 7 日，几比抗击艾滋病和肺结核协调委员会表示，全球防治艾滋病、结核病和疟疾基金会将出资 3800 万美元帮助几比控制艾滋病和肺结核。② 2017 年 2 月 21 日，联合国儿童基金会向几比卫生部捐赠了 1 辆汽车和 85 辆摩托车，以加强几比社区卫生服务能力，特别是帮助偏远地区病人获得专业医疗保障。③

表 5 - 8　2011 ~ 2016 年几内亚比绍 12 ~ 23 个月儿童麻疹接种率

单位：%

2011 年	2012 年	2013 年	2014 年	2015 年	2016 年
83.0	81.0	81.0	81.0	81.0	81.0

表格由作者编制，数据来源世界银行 WB 数据库 http：//databank. worldbank. org/data/reports. aspx？ source = 2&country = GNB。

一些国家也对几比提供了各种医疗援助。2013 年 1 月 23 日，几比卫生部收到法国人道主义协会捐赠的超声波仪器及移动影像设备。3 月 8 日，一支由 8 名眼科医生组成的葡萄牙医疗队到达几比，在短短 10 天里进行了 1000 次眼睛检查和 50 台眼科手术。2014 年 12 月 5 日，葡萄牙使馆向比绍市政府赠送 1750 升消毒液和 1.2 吨大米，以帮助比绍预防埃博拉病毒。12 月 19 日，应几比政府的要求，葡萄牙同意投资 55 万欧元在几比建立一间检测埃博拉病毒的移动实验室。2015 年 7 月 13 日，佛得角印法玛药业公司宣布提供技术支持，帮助几比尽早建立自己的制药厂。

① 中华人民共和国驻几内亚比绍大使馆经济商务参赞处：《几比门德斯国家医院剖腹产手术室正式启用》，http：//gw. mofcom. gov. cn/article/jmxw/201612/20161201996097. shtml。
② 中华人民共和国驻几内亚比绍大使馆经济商务参赞处：《基金会将提供 3800 万美元帮助几比控制艾滋病和肺结核》，http：//gw. mofcom. gov. cn/article/jmxw/201612/20161202099893. shtml。
③ 中华人民共和国驻几内亚比绍大使馆经济商务参赞处：《联合国儿童基金会向几比卫生部捐赠汽车和摩托车》，http：//gw. mofcom. gov. cn/article/jmxw/201702/20170202522086. shtml。

　　在几比政府与国际社会共同努力下，几比的医疗卫生状况有所改善，但总体来看，几比的医疗水平、民众的就医条件仍很落后，需要几比政府与国际社会做更多的工作。

　　三　医学科学研究

　　几比经济发展极度落后，其医学科学研究也十分滞后。2013 年 1 月 25 日，几比药剂师协会会长阿克达尔称，几比没有进口药物产品检测实验室，几比 80% 的药店出售的都是来历不明的药物，这些药物大多来自周边国家，如尼日利亚、冈比亚、几内亚等国。2014 年 11 月，世界卫生组织评估团对几比应对埃博拉疫情能力做出的结论是，该国缺乏实验室和专业的医疗队伍，低效率卫生系统无法应对埃博拉病毒疫情。

　　几比政府非常关注这种被动落后的状况，重视自身医疗队伍的建设，建立了自己的国家公共卫生实验室，并借助国际社会的力量推动国家的医学科学研究。2012 年 2 月 14 日，几比卫生部部长佩雷拉宣布，经过三年的培训，几比国立卫校 114 名基础护理护士顺利毕业。他们即将奔赴全国各地卫生医疗机构。几比国立卫生学校从 2009 年至 2011 年已经培养出 222 名普通护士。2012 年 5 月，在几比南部的基纳拉和通巴利发现了几例疑似霍乱病例，通过国家实验室对病菌的检验，否定了霍乱疫情的存在。11 月 23～28 日，几比糖尿病防治协会在比绍举办糖尿病防治培训班。在世界糖尿病基金的支持下，在比绍推出"糖尿病社区治疗"项目。社区医疗中心为 I 型患者提供免费治疗。其他类型患者将得到价格合理的药物和食品。

　　2013 年 5 月 7 日，几比门德斯医院举行了全国首个血液透析中心奠基仪式，该工程耗资 100 万欧元，其中日本政府出资 45.8 万欧元。12 月 2 日，联合国儿童基金会宣布，几比正式成立防治慢性营养不良疾病培训中心。该培训中心是联合国儿童基金会援助几比对急性营养不良综合管理计划的项目之一，根据几比全国第二次营养状况调查报告显示，5 岁以下儿童慢性营养不良的患病率是 27.4%，急性营养不良患病率是 6.5%。2014 年埃博拉疫情暴发后，几比政府立即宣布，国家公共卫生实验室将对食物和饮用水进行监控，并对在边境发现的疑似病例进行隔离观察。2014年10月29日，几比16名医科大学生从古巴劳尔·迪亚兹阿圭列斯医学院几比分院毕业，获得古巴高等医学教育毕业证书。

2015年3月11日，葡萄牙在里斯本向几比交付检测埃博拉等病毒的移动实验室，该实验室造价约55万欧元。该实验室是葡萄牙政府通过其外交部向几比赠送的，是葡萄牙和几比政府双边合作的一部分。9月18日，几比让·皮亚杰（Jean Piaget）大学校长巴尔德宣布，全国首家艾滋病病毒诊断实验室在该校建立。该项目是在国家防治艾滋病秘书处的支持下建立起来的，实验室除了检测艾滋病病毒外，还可以利用PCR法检测新生婴儿HIV基因，确定新生儿是否携带艾滋病病毒。2015年11月和2017年2月，分别有37名和40名医科学生从古巴劳尔·迪亚兹阿圭列斯医学院几比分院毕业，毕业生们获得古巴高等教育部门颁发的医学院学位证书。[①] 2016年4月26日，几比公共卫生部和联合国人口基金会通过为孕产妇和新生儿死亡率最高国家提供支持的联合倡议"健康4＋"，为几比11名医生和34名麻醉复苏专科护士举办培训班。[②]

① 中华人民共和国驻几内亚比绍大使馆经济商务参赞处：《比绍医学院毕业40名医学本科生》，http：//gw. mofcom. gov. cn/article/jmxw/201702/20170202515484. shtml。
② 中华人民共和国驻几内亚比绍大使馆经济商务参赞处：《几比举办医生和麻醉复苏专科护士培训班》，http：//gw. mofcom. gov. cn/article/jmxw/201605/20160501310647. shtml。

第六章

文　化

　　几内亚比绍曾为非洲古国桑海帝国的一部分，后又沦为葡萄牙殖民地，其文化具有多样性特点，但由于自身发展滞后，国内文化教育、新闻出版、文体艺术及旅游业都处于较为落后的状态。

第一节　文化教育

　　独立以来，几内亚比绍政府积极发展本国的教育事业，努力提高人民的文化水平。几比教育经费约占国家财政预算的 12%，相当于 GDP 的 3.2%。但由于受到政治经济等各方面的影响，几比全民文化素质仍处于较低水平（见表 6-1）。几比初级教育问题十分严重，学校校舍和设施很差，校门前的道路泥泞不堪、杂草丛生，课桌、板凳、黑板破旧不堪，教室墙壁剥脱，屋顶破损，师生们上课时常常只能头顶烈日，或任风吹雨淋。几比小学每年上课时间仅 500 小时（国际标准为 900 小时），2010 年小学净入学率只有 67%。每 100 名儿童只有 38 名能保证在 7 岁时进入小学（见表 6-2）。2015 年 1 月 19 日，联合国儿童基金会公布 6~11 岁全球儿童失学率报告，几比失学率为 29.2%，排名第 14 位。①

---

　　① 中华人民共和国驻几内亚比绍大使馆经济商务参赞处：《联合国儿童基金会公布全球儿童失学率》，http://gw.mofcom.gov.cn/article/jmxw/201501/20150100882768.shtml。

131

表 6 – 1　几内亚比绍成人识字率与小学入学率

成人识字率(%)	小学入学率(%)
2011 ~ 2016 年	2011 ~ 2016 年
46	68

表格由作者编制，数据来源：UNICEF, The State of the World's Children 2016: A fair chance for every child, p. 119, https://www.unicef.org/publications/index_ 91711. html。

表 6 – 2　几内亚比绍小学入学情况*

毛入学率(%)		净入学率(%)		净出勤率(%)		小学失学儿童	
2010 ~ 2014 *		2010 ~ 2014 *		2009 ~ 2014 *		2010 ~ 2014 *	
男性	女性	男性	女性	男性	女性	比例(%)	数量(千人)
118	110	71	68	62	62	31	76

表格由作者编制，数据来源 UNICEF, The State of the World's Children 2017: Children in a Digital World, p. 155, https://www.unicef.org/publications/files/SOWC_ 2017_ ENG_ WEB. pdf。

　　几比政府为改变国家教育水平极度落后的状况，一方面在国际组织帮助下进行全国扫盲活动，取得了较好成绩。2013 年，其成人识字率为 56.7%①。根据多指标类集调查和 2010 年联合国儿童基金会数据，几比 15 ~ 24 岁的妇女中只有 39.8% 的人识字。2012 年增加了 4000 名识字成人，至 2013 年底识字的人增加超过 9000 名。目前在联合国儿童基金会的帮助下，几比成立了 60 个扫盲中心。另一方面逐步完善教育培训体系，培养本国人才。全国现有小学、中学和中等师范，以及护士、法律等技术职业培训学校。2003 年成立的博埃科利纳斯大学为几比的第一所私立大学，2004 年 1 月成立的卡布拉尔大学则为几比的第一所公立大学。2012 年 8 月 11 日，233 名大学生在几比葡语大学完成学业。② 2013 年 4 月 13

---

① 《几内亚比绍国家概况》，http://www.fmprc.gov.cn/web/gjhdq_ 676201/gj_ 676203/fz_ 677316/1206_ 677752/1206x0_ 677754/。

② 中华人民共和国驻几内亚比绍大使馆经济商务参赞处：《几比葡文大学毕业 233 名学生》，http://gw.mofcom.gov.cn/article/jmxw/201208/20120808279623. shtml。

日，几比博埃科利纳斯大学举行第一届毕业生典礼，共计 41 名学生获得毕业证书。① 2013 年 7 月 27 日，第三批几比葡萄牙语大学的毕业生获得毕业证书。② 2014 年 8 月 11 日，几比高等教育与科研国务秘书迪亚斯在国立行政学校主持该校 2014 年毕业典礼，共有 297 名学生毕业于会计及公共管理专业。2014 年的毕业口号是"请重视我们，因为几比的未来就在我们手中"。③ 几比政府还每年派出一定数量的留学生去外国学习，其中俄罗斯、古巴、巴西、葡萄牙等国提供的奖学金名额较多，这些国家还派教师来几比任教。2014 年 2 月 26 日，几比教育部部长与巴西全球学院签署一份在几比招生的协议，该学院从 2 月 27 日起在几比招收大学生，并在一年半的时间内免费为学生提供学费、住宿、伙食和交通，剩余学期的费用由学生以勤工俭学的方式支付。④

近年来，由于几比国内政局不稳，经济困难，政府拖欠各级公立学校教职员工工资，因此，教师罢工此起彼伏，国家教育事业发展严重受挫。国际社会也为之提供了大量的帮助。

2009 年 11 月中旬，葡萄牙支持发展机构和几比教育部签署了约合 550 万欧元的教育合作协议，用来支持几比的教育事业和提高几比葡萄牙语教学质量。2010 年 4 月 29 日，非洲发展银行向几比提供 1200 万美元以建设几比国家行政学院，加强公务员培训。2011 年 4 月上旬，葡萄牙里斯本大学法学院向几比法学院提供 30 万欧元资助。2012 年 3 月，世界银行向几比援助 1200 万美元用来建立巴法塔、卡谢乌、加布等地区的教师培训中心，以提高几比的教学质量。3 月 26 日，几比和日本两国政府签署一项援建几比首都 16 所小学校的谅解备忘录。3 月 28 日，世界粮食计

① 中华人民共和国驻几内亚比绍大使馆经济商务参赞处：《几比博埃科利纳斯大学 41 名学生毕业》，http：//gw. mofcom. gov. cn/article/jmxw/201304/20130400104038. shtml。
② 中华人民共和国驻几内亚比绍大使馆经济商务参赞处：《第三批几比葡萄牙语大学生获得毕业证书》，http：//gw. mofcom. gov. cn/article/jmxw/201308/20130800238735. shtml。
③ 中华人民共和国驻几内亚比绍大使馆经济商务参赞处：《几比国立行政学校 297 名学生获得毕业文凭》，http：//gw. mofcom. gov. cn/article/jmxw/201408/20140800693731. shtml。
④ 中华人民共和国驻几内亚比绍大使馆经济商务参赞处：《巴西全球学院将在几比招生》，http：//gw. mofcom. gov. cn/article/jmxw/201403/20140300507195. shtml。

划署（PAM）援助几比 350 万美元，旨在有效提高几比的男孩、女孩受教育水平，解决适龄儿童上学难的问题，减少辍学学生，并改善学生的营养状况。8 月 30 日，由葡萄牙非政府组织"诗歌协会"捐赠的几比第一所公共图书馆在比绍落成。9 月 13 日，葡萄牙非政府组织信仰与合作基金会承诺在几比投资教育、卫生和农业等领域，主要任务是提高几比基础教育质量。9 月 25 日，过渡政府和西共体联合颁发一张价值为 415.6 万西非法郎的支票给妇女儿童研究所，作为几比葡萄牙语大学优秀大学生的奖学金。2013 年 3 月 16 日，几比最大的图书馆——几比博拉马市图书馆正式建成，该图书馆由其葡萄牙友好城市卡斯凯什帮助建立，共计藏书约 5 万册。2014 年 1 月 3 日，世界银行帮助过渡政府支付几比初等教育公立学校教师 2014 年上半年工资，以确保教学工作的连续性。3 月 11 日，由葡萄牙合作组织（非政府组织）修建的、价值 100 万欧元的几比全国聋哑学校竣工。4 月 19 日，葡萄牙非政府组织培训、医疗、卫生发展协会宣布在几比郊区修建一所能容纳 300 名学生的学校，并完成学校粉刷工程和安装教室桌椅等。2015 年 3 月 6 日，世界粮食计划署向几比 400 所小学的 8.5 万名学生提供热餐。6 月 30 日，欧盟和几比手工业培训中心在几比推出青年职业培训项目，400 名来自比绍和卡谢乌地区的 18~35 岁青年人将受益于该项目。7 月 15 日，几比教育部部长塞梅多参加日本援建的 15 所小学校交接仪式，该项目总造价为 40 亿西非法郎，将有 1 万名几比小学生受益。2016 年 11 月，几比国家研究所所长阿马多宣布，葡语国家共同体将向几比提供 6 万欧元用于重建国家图书馆和修复相关历史档案。几比国家研究所曾在 1998 年国家内战中遭到破坏，国家图书馆和很多重要历史档案受损，图书馆中有关独立运动、殖民地、黑人文化传统以及文学类的馆藏必须向后代传承下去。① 11 月 28 日，比绍法学院举行了毕业典礼，20 多名毕业生获得法律本科文凭，比绍法学院是几比政府与

---

① 中华人民共和国驻几内亚比绍大使馆经济商务参赞处：《葡共体将向几比提供 6 万欧元用于国家图书馆的重建》，http：//gw. mofcom. gov. cn/article/jmxw/201611/20161101591578. shtml。

葡萄牙政府在司法领域的合作成果，建院 20 多年来，学院积极培养法律专业人才并为各部门提供人员培训。①

第二节　新闻出版

几内亚比绍 1991 年实行新闻自由政策后，一些地方报纸和杂志开始发行。目前，全国发行 5 种报纸，主要有《前进报》（政府机关报，发行量 5000 份）、《民主报》（2012 年创刊，周刊，发行量 500 份）、《消息报》等。几内亚比绍国家通讯社是官方通讯社，创建于 1972 年 3 月，无驻外分社或驻外记者。几内亚比绍国家广播电台成立于 1974 年 9 月，用葡萄牙语、克里奥尔语及其他地方语言播音。此外还有 3 家私营广播电台。几内亚比绍国家电视台于 1989 年 11 月 14 日正式开播，每天均播出电视节目。②

2009 年 10 月上旬，几比开通了第一家包括经济方面内容的网上青年电台，通过登录该网站（www. infojov. info/），可以直接收听几比青年电台的实时综合节目，这是为了使外国人和生活在国外的几比人更多了解今天的几比，促进几比经济、文化、旅游的发展。该网站也可以搜索全国性报纸，进行文化交流和收听音乐。该网站还提供关于青年就业、人力培训和旅游线路等资讯。③ 2013 年 1 月 30 日，无国界记者组织发布 2013 年 179 个国家的媒体自由指数④，几比较 2012 年下跌 17 名，排名第 92 位。2012 年几比发生军事政变，关于政变方面的报道明显有军方对媒体施压

---

① 中华人民共和国驻几内亚比绍大使馆经济商务参赞处：《比绍法学院 20 多名毕业生获得法律本科文凭》，http：//gw. mofcom. gov. cn/article/jmxw/201612/20161201996092. shtml。

② 《几内亚比绍国家概况》，http：//www. fmprc. gov. cn/web/gjhdq_ 676201/gj_ 676203/fz _ 677316/1206_ 677752/1206x0_ 677754/。

③ 中华人民共和国驻几内亚比绍大使馆经济商务参赞处：《几内亚比绍今日开通了包括经济信息的网上电台》，http：//gw. mofcom. gov. cn/article/jmxw/200910/20091006555079. shtml。

④ 为了完成 179 个国家的指数收集，无国界记者组织遍布五大洲的 18 个协会，包括 150 名记者、研究人员、法学家和人权学家进行调研。

的现象，从而使排名下降。① 2013 年 4 月 30 日，几比电视台新闻网站
（http：//www. tgb－gw. com/）正式开通，网页上除了配备文字新闻，还
播放几比电视台的其他资讯节目，其目的是让海外的几比侨民了解几比最
新动向。② 2014 年 9 月，几比新闻部部长雷加拉表示，几比国家电视台正
努力恢复加布地区的电视信号，并派遣了技术组到当地电视信号发射站进
行检修。由于 1998 年的武装冲突，加布地区电视信号被严重破坏，加布
的居民只能收看邻国的电视或国际频道节目。③

近年来，安哥拉等国家与地区在新闻领域给予几比大力援助。2008
年 5 月，安哥拉向几比提供新闻技术人员培训、节目和新闻交流、信息和
媒体领域的技术合作、技术援助、实习访问等。从 2011 年 1 月起，安哥
拉允许几比电视台免费转播其葡语国际频道。2011 年 3 月 26 日，安哥拉
与几比政府签署协议，安哥拉对几比公共传媒，即广播、电视、报纸和新
闻机构等领域实施技术援助，扶持几比的各私营传媒机构，并在几比建设
一个社区广播电台。2012 年 7 月 12 日，安哥拉驻几比使馆向几比电视台
赠送一批新闻器材，包括三台摄影机及配件、一套剪辑设备、电池、充电
器、投影机、存储卡、三脚架和磁盘处理器等。④ 2013 年 11 月 4 日，澳
门广播电视有限股份公司（TDM）与佛得角、几比通讯社及东帝汶电台
签署一份新闻人员培训的合作协议，为几比和佛得角的新闻机构工作人员
进行培训。⑤

---

① 中华人民共和国驻几内亚比绍大使馆经济商务参赞处：《无国界记者组织公布 2013 媒体
自由指数》，http：//gw. mofcom. gov. cn/article/jmxw/201301/20130100018775. shtml。
② 中华人民共和国驻几内亚比绍大使馆经济商务参赞处：《几比电视台新闻网站建成》，
http：//gw. mofcom. gov. cn/article/jmxw/201305/20130500110360. shtml。
③ 中华人民共和国驻几内亚比绍大使馆经济商务参赞处：《几比国家电视台将恢复加布地区电视
转播》，http：//gw. mofcom. gov. cn/article/jmxw/201409/20140900723058. shtml。
④ 中华人民共和国驻几内亚比绍大使馆经济商务参赞处：《安哥拉政府向几比电视台提供新闻器
材和技术援助》，http：//gw. mofcom. gov. cn/article/jmxw/201207/20120708227941. shtml。
⑤ 中华人民共和国驻几内亚比绍大使馆经济商务参赞处：《澳门广播电视有限公司与几比
通讯社签署新闻人员培训协议》，http：//gw. mofcom. gov. cn/article/jmxw/201311/
20131100381931. shtml。

第三节 文学与艺术

一 文学

几内亚比绍曾为非洲古国桑海帝国的一部分，具有丰富的黑非洲文化底蕴，其中，格里奥是黑非洲世代相传的诗人、口头文学家、艺术家和琴师的总称。古代一部分格里奥进入宫廷，担任国王、诸侯的史官、顾问、传话人的职务。在有文字记载以前，王国的大法、家族的系谱、重要的史实，都依靠他们的记忆和口头传授保存下来。另外一部分格里奥就成为行吟艺人，他们带着简单的乐器周游四方，传授知识。他们善于把枯燥的历史事实编成趣味盎然的传说，被称为语言大师。殖民者入侵黑非洲以后，格里奥曾被贬抑。但当代黑非洲作家认为，格里奥及其流传的口头文学仍是非洲极为珍贵的文化遗产。

随着独立解放运动的开展，几比文学开始具有反映革命斗争的特点。几内亚比绍于 1977 年 1 月在解放区出版了诗集《支持斗争中的人》，其中收集了 14 位诗人的作品。这部诗集标志着几内亚比绍葡萄牙语文学的开端。非洲最重要的反殖民运动领导人之一、几内亚比绍和佛得角独立党的奠基人阿米卡尔·卡布拉尔就是一位作家。1973 年初他牺牲后，纽约和伦敦的《每日评论》社将他生前发表的文章和演讲汇集成册出版，书名为《几内亚革命》和《落叶归根》。他还撰写了《论非洲土地的利用》和《几内亚人民对几内亚农业生产的贡献》等文章。他在烽火初燃时创作的诗篇《这是我们亲爱的家乡》，后来成为几比的国歌歌词。

二 音乐

20 世纪初期，几内亚比绍作曲家开始发扬几内亚比绍的音乐风格，在音乐领域中，用自己独特的歌声吟唱，并很快得到世界的认可。几比的音乐常与多节奏的"古穆贝"（gumbe）有关。古穆贝有时泛指几比的各种音乐，但通常特指一种融合了该国 10 种民间音乐传统的独特音乐风格。古穆贝是几内亚比绍音乐的标志，但多年的社会动荡已令古穆贝和主流听众脱节。帝那（Tina）和汀卡（tinga）是几比流行的其他音乐类型，适用于几比民间葬礼、灌顶等仪式。葫芦是该国主要的乐器，用于演奏极快和极富节奏感的复杂舞曲。几比人常用克里奥尔语创作歌词，内容幽默，也和时事息息相关，特别关注艾滋病的感染和防治。

独立后，第一首古穆贝风格的流行歌曲于 1973 年被埃内斯托·达波（Ernesto Dabó）的唱片"博拉马"收录。唱片制作人是泽·卡洛斯（Zé Carlos），卡洛斯于 1972 年组建流行乐队"柯比那·达阿兹"（Cobiana Djazz）。

另一支流行乐队"超级妈妈琼博"（Super Mama Djombo）组建于 20 世纪 60 年代中期。1974 年，随着阿德里亚诺（Adriano Atchutchi）加入乐队并成为乐队领袖后，该乐队经常在路易斯·卡布拉尔公开演说时表演，他们的音乐现场会也通过电台在线直播，这使得该乐队逐渐在几比家喻户晓。"超级妈妈琼博"1978 年前往古巴参加第 11 届哈瓦那青年音乐节。1980 年初，他们在葡萄牙里斯本记录了 6 个小时的音乐素材，同年，他们的第一张专辑"在坎班卡"（Na Cambança）发布，其中歌曲"潘帕利达"（Pamparida）在整个西非轰动一时。1980 年，卡布拉尔政权下台后，由于得不到新领导人维埃拉的支持，该乐队鲜有机会演出，最终于 1986 年解散。但 1992 年，戈麦斯指导的电影《蓝眼睛咏苔》（Udju Azul di Yonta）中的配乐由"超级妈妈琼博"演奏。2012 年，"超级妈妈琼博"再次组合并在欧洲巡演，乐队希望通过演出告诉世界："几内亚比绍最响亮的声音不是枪声，而是音乐。"

由于几比政治局势长期不稳定，尤其是在 20 世纪 80 年代，几内亚和佛得角非洲独立党一党执政，对流行音乐禁令较多，因此，几比的流行歌手与几比政府的关系一直不太好。歌手何赛·卡洛斯·施瓦兹（José Carlos Schwarz）经常批评政府，后在哈瓦那死于飞机失事。1983 年，泽·马内尔（Zé Manel）由于演唱"昨天的证词"（Tustumunhus di aonti）而被政府禁演。"超级妈妈琼博"也经常嘲讽维埃拉政权的任人唯亲与腐败。社会的混乱和政府的冷漠都限制了几比音乐的发展，使其未能更广泛地普及和更蓬勃地发展。

三 电 影

电影是工业、科技与艺术的结晶，也是国际性的大众传播媒介，几内亚比绍电影必然与世界电影艺术潮流和国际电影市场密不可分。几内亚比绍电影的艺术性、经济性、文化性、技术特性，以及多项功能属性，都根植于几内亚比绍当地民族文化土壤并且与几内亚比绍的社会政治经济文化紧密契合，同时又与世界整体经济环境与世界电影运作发展趋势互为促进和依托。几内亚比绍电影经济、电影市场、电影产业的发展趋势也与全球化进程的总体脉络紧密契合。几比电影业经历了欧美国家电影的国际性扩张以及 20 世纪 80 年代以来逐步向多元推动、多元共存的多元化格局转变。从 20 世纪 80 年代开始，影视传播在几比迅猛发展。几比的影视艺术不仅赢得了受众最广泛的青睐，以前所未有的传播幅度和力度，影响着几比的社会生活、文化结构和人们的价值取向、审美习惯，而且作为一种融现代技术与艺术为一体的朝阳产业，开辟了一个蓬勃兴旺的视听时代。因此，几比电影在经济全球化的今天不仅是一种经济现象，同时也是一种文化和政治现象。

弗洛拉·戈麦斯（Flora Gomes）是国际知名的电影导演，1949 年 12 月31 日，他出生于几内亚比绍的卡迪克。戈麦斯父母都没有文化，由于身处葡萄牙殖民统治之下，他幼年时获教育机会很少。他十分支持几比人民反抗葡萄牙殖民统治，也很崇拜阿米尔卡·卡布拉尔。1972 年他离开几比去古巴电影学院学习电影艺术。戈麦斯最有名的电影是《我的声音》（Nha Fala）。戈麦斯的电影作品《否认死亡》（Mortu Nega）（1988 年）是几比历史上第一部科幻电影，在 1989 年的瓦加杜古泛非电影节①（FESPACO）上，这部

---

① 瓦加杜古泛非电影节（法语：Festival Panafricain du Cinéma de Ouagadougou／英语：Pan-African Film Festival of Ouagadougou，简称 FESPACO），是非洲三大电影节之一（其他两个是迦太基国际电影节、开罗国际电影节）。

电影赢得奥马鲁甘达奖。该片拍摄时使用克里奥尔语，配有英语字幕。1992 年，戈麦斯指导的电影《蓝眼睛咏苔》（Udju Azul di Yonta）在 1992 年戛纳电影节展映。戈麦斯还曾担任过许多非洲电影节的主席。

第四节　体育

几内亚比绍政府文体国务秘书处下设体育总局，负责全国范围体育活动的规划、组织、领导和协调工作。还设有单项体育协会，如足球协会、网球协会等。但由于财政困难，政府对体育事业的投资很少，体育协会和俱乐部缺少活动经费和必要的运动器械，一些旧的体育设施也得不到修缮、更新。近年来，几比政府开始重视国民身体素质的改善和国家体育水平的提高。

首先，积极开展群众性体育活动。足球可谓几比第一体育项目，普及面很广。全国经常举办足球联赛、选拔赛和地区间的比赛，国家队也参加了非洲地区性的比赛。独立以来，几比已举办了十多届"阿米卡尔·卡布拉尔杯足球赛"，参赛国主要为西非地区国家。每逢足球比赛，人们都争先恐后前去观看。在比绍市内，还经常可以看到一些儿童光着脚在道路两旁踢球。几比的足球事业得到了各方面的支持。2012 年 6 月 7 日，MTN 公司与几比足球协会在比绍签约，承诺赞助几比国家队所有比赛。签约之后，几比足球协会主席洛佩斯说，这次赞助帮助足协克服了一定困难，将使几比足球水平再上一个台阶。[1] 除了足球，几比政府还越来越重视青少年的体育锻炼。2015 年 4 月 8 日，由几比教育部主办的为期 4 天的第七届全国学校青少年运动会在国家体育场开幕，来自全国七个地区的中学派代表参加，几比教育部部长塞梅多、代总理巴希罗·贾出席了开幕式。[2]

---

[1] 中华人民共和国驻几内亚比绍大使馆经济商务参赞处：《MTN 公司将投资 3400 万西非法郎帮助几比足球队参加非洲杯选拔赛》，http：// gw. mofcom. gov. cn/article/jmxw/201206/20120608177598. shtml。

[2] 中华人民共和国驻几内亚比绍大使馆经济商务参赞处：《几比举办第七届全国学校青少年运动会》，http：// gw. mofcom. gov. cn/article/jmxw/201504/20150400937432. shtml。

其次，积极参加世界大赛。几比至今已先后五次参加夏季奥运会，包括亚特兰大、悉尼、雅典、北京和伦敦奥运会，但从未参加过冬季奥运会，也从未有获得奥运奖牌的历史记录。2012 年，几比派出 4 名运动员参加伦敦奥运会，包括 2 名摔跤运动员和 2 名田径运动员。参加摔跤比赛的运动员分别是奥古斯图·米达纳（73 公斤级）和雅西拉·门东萨（64 公斤），田径动员是席尔瓦（100 米）和马丁内斯（400 米），阿尔贝托·迪亚斯被任命为几比代表团团长。7 月 16 日，过渡政府总统和总理为代表团举行了欢送会。2012 年 12 月 27 日，参加伦敦奥运会的几比选手奥古斯图·米达纳和雅西拉·门东萨分别获得国际奥委会颁发的 97 万西非法郎的补贴。国际奥委会为几比 4 名参赛选手共计颁发 7000 美元的补贴。奥古斯图·米达纳获得第八名的好成绩。2014 年 9 月，几比全国摔跤协会派出 5 人组成的代表团，包括 1 名领队、1 名教练和 3 名运动员参加在乌兹别克斯坦举行的世界自由式摔跤锦标赛，其中运动员米达纳在 2014 年 3 月突尼斯非洲自由式摔跤赛上获得冠军。2016 年，几比派出 5 名运动员组成的代表团参加巴西里约奥运会，①几比摔跤队还参加了西共体摔跤比赛。目前几比摔跤成绩排名世界第五位。2017 年 1 月，几比国家足球队奔赴加蓬准备征战第 31 届非洲国家杯足球赛，这也是几比国家足球队历史上第一次进入非洲杯 16 强。②

最后，加强对体育相关人员的培训。2013 年 11 月 13～15 日，几比奥委会举办体育记者培训班，以加强体育媒体理论和实践学习，16 名来自公共、私营和社区媒体机构的体育记者参加培训。在开班仪式上，几比奥委会秘书长洛贝滋说，对几比体育媒体记者的培训工作是几比奥委会四年计划的重要组成部分。由于几比体育赛事较少，媒体记者实践能力较弱。此次培训班的目的是增强媒体体育报道的能力。

---

① 中华人民共和国驻几内亚比绍大使馆经济商务参赞处：《几内亚比绍派代表团参加 2016 年里约奥运会》，http：//gw. mofcom. gov. cn/article/jmxw/201608/20160801375653. shtml。
② 中华人民共和国驻几内亚比绍大使馆经济商务参赞处：《几比国家足球队奔赴加蓬征战 2017 年非洲国家杯》，http：//gw. mofcom. gov. cn/article/jmxw/201701/20170102499095. shtml。

第五节　旅游业

根据中国国家旅游局 2014 年 9 月公布的《2013 年中国旅游业统计公报》显示，2013 年出境前往几内亚比绍的中国人有 114.39 万人次，位居第 12 位。^①但目前，几内亚比绍旅游业仍很落后，旅游设施也很不完善，几比政府努力采取措施，利用几比优越的自然条件和国内外资源来发展旅游业。

第一，加大自然资源保护，加强对旅游业的监督管理。2014 年 2 月 26 日，几比生物多样性和自然保护区研究所所长席尔瓦指出，虽然有法律禁止规定，在自然保护区里仍然有非法的旅游企业在经营，尤其是在比热戈斯群岛附近。2015 年 7 月 21 日，几比旅游国务秘书费尔南德斯在陪同佛得角总理内维斯视察几比布巴克岛和鲁巴内岛时表示，希望在几比发展生态旅游业，以增加就业和促进经济增长。几比南部岛屿众多，形成比热戈斯群岛。其中，布巴克岛和鲁巴内岛最具旅游投资条件，目前在岛上建有酒店和度假村。^② 2016 年 1 月 8 日，几比生物多样性和自然保护区研究所所长席尔瓦宣布，几比政府已经提供给“几比生物基金会”100 万美元用于开发和保护国家生态系统。截至 2016 年 3 月，国家自然保护区面积达到全国领土面积的 26%。该研究所将在国家东部地区开发新的自然保护区，新增保护区面积约占国土总面积的 11%。迄今为止，“几比生物基金会”共计得到 840 万美元的援助资金，分别来自法国全球环境基金、世界环境基金等。^③

第二，丰富旅游市场，打造国家旅游文化品牌。2015 年 4 月，几比

①　中国国家旅游局：《2013 年中国旅游业统计公报》，http：//www.cnta.gov.cn/zwgk/lysj/201506/t20150610_18910.shtml。

②　中华人民共和国驻几内亚比绍大使馆经济商务参赞处：《几比政府希望发展生态旅游》，http：//gw.mofcom.gov.cn/article/jmxw/201507/20150701053857.shtml。

③　中华人民共和国驻几内亚比绍大使馆经济商务参赞处：《几比自然保护区将在今年第一季度达到全国领土面积的 26%》，http：//gw.mofcom.gov.cn/article/jmxw/201601/20160101230327.shtml。

第六届布巴克文化节在欧盟资助下举办，主题为"持续人类与生物圈发展"，文化节很好地展示了比热戈斯群岛丰富的文化资源，促进对几比生物多样性的传承以及推动创立联盟以发展可持续性生态旅游。近年来，作为几比传统文化之一的几比狂欢节也已经成为这个国家的一大盛事，促进了国家的和平与可持续发展。每年在狂欢节上都举行盛大的庆祝仪式及游行活动，以及化装舞会、彩车游行、假面具表演等活动，还设立了各类奖项。为了确保几比狂欢节庆祝活动的顺利进行，警察总署每年都安排上千名警察全国执勤。2016 年狂欢节于 2 月 5～9 日举行，主题为"拯救和提升民族文化"，总预算为 1.7 亿西非法郎。2016 年 2 月 12 日，几比旅游与手工业部发布"发现几比"旅游投资指南，指南内容包括几比历史、各民族文化、美食、80 多个岛屿美景以及多个国家自然公园的介绍。[①] 5 月 10 日，欧盟驻几比代表处举行援助项目——恩·巴托尼亚休闲公园 (N'Batonha) 奠基仪式，休闲公园占地面积为 2.5 公顷，由葡萄牙非政府组织"Monte"与比绍市政府共同执行，工程将修复恩·巴托尼亚 (N'Batonha) 湖的生态环境，新建儿童游乐区、跑道和体育设施活动区，以及咖啡餐饮服务区等。[②]

第三，因地制宜，借助外援，兴建旅游文化场馆。2011 年 5 月，世界银行向几比提供贷款在几比境内建造 3 个国家级公园，旨在通过发展旅游业来提升几比经济。2013 年 3 月 22 日，一个名为"环境与文化"的博物馆建成，其目的是更好地了解环境挑战，普及生态和文化多样性的知识。该博物馆是"生态-坎塔涅兹"项目的一部分。该项目旨在促进保护生态系统平衡，加大坎塔涅兹旅游产业，提高当地食品安全。在几比南部坎塔涅兹自然公园地区，有超过 4 万人受益于此，例如，鼓励在村寨实行木薯粉和棕榈油的生产和加工，以创造更多的就业机会。2016 年 7 月 8 日，由欧盟援建几比的"黑奴贸易纪念馆"在卡谢乌市落

---

① 中华人民共和国驻几内亚比绍大使馆经济商务参赞处：《几比政府发布国家旅游投资指南》，http://gw.mofcom.gov.cn/article/jmxw/201602/20160201259086.shtml。

② 中华人民共和国驻几内亚比绍大使馆经济商务参赞处：《比绍市 Nbatonha 休闲公园项目举行奠基仪式》，http://gw.mofcom.gov.cn/article/jmxw/201605/20160501316142.shtml。

成。卡谢乌是几比最古老的城市，靠近卡谢乌河，因留有过去的奴隶贸易市场而著名。建立黑奴贸易纪念馆就是为了让后人记住非洲黑人被奴役的屈辱历史。①

第四，提高酒店等旅游硬件设施的服务品质。比绍宫酒店开业于1989年，由于地处首都机场至市区的主干道，入住率一直在90%以上。2011年2月底，安哥拉收购了这家五星级酒店，成为其新主人。但在"4·12"政变后，客流量减少，导致比绍宫酒店日常入住率大幅下降，其他很多酒店也不得不解雇部分员工来降低酒店运转成本。随着几比国内局势逐渐稳定，酒店业又重获活力。2015年6月17日，几比环境国务秘书班贾伊在比绍宣布，在环境影响评估报告获得批准后，比绍将很快拥有一家五星级酒店。班贾伊透露，该酒店将以几佛独立党前领导人阿米卡尔·洛佩斯·卡布拉尔的名字命名，酒店将有七层楼、132间客房、12间套房、1间会议厅和1个游泳池。② 2015年12月14日，比绍莱杰广场酒店（LedgerPlaza）人力资源部主管门东萨在比绍说，该酒店于2016年1月重新开张营业。该酒店在1990年建成，曾多次更名，在1998年的军事冲突中，酒店设施损毁严重导致歇业。经过修缮的比绍莱杰广场酒店有客房116间、套房18间（其中2间是总统套房），此外还设有2间会议室，以及游泳池、夜总会、健身房和餐厅。③

第五，加强旅游从业人员的培训。2015年3月9日，澳门旅游局发表声明说，该局为几内亚比绍等葡语国家的旅游部门人员展开培训业务。培训内容除了训练制作宣传材料，以及旅游推广策略分析外，也包括澳门旅游业的发展政策。④ 7月21日，几比旅游国务秘书费尔南德斯在陪同佛

① 中华人民共和国驻几内亚比绍大使馆经济商务参赞处：《几比卡谢乌"黑奴贸易纪念馆"落成》，http：//gw. mofcom. gov. cn/article/jmxw/201607/20160701355732. shtml。
② 中华人民共和国驻几内亚比绍大使馆经济商务参赞处：《几比首都将拥有五星级酒店》，http：//gw. mofcom. gov. cn/article/jmxw/201506/20150601018655. shtml。
③ 中华人民共和国驻几内亚比绍大使馆经济商务参赞处：《比绍 Ledger Plaza 酒店将于2016年1月正式营业》，http：//gw. mofcom. gov. cn/article/jmxw/201512/20151201212076. shtml。
④ 中华人民共和国驻几内亚比绍大使馆经济商务参赞处：《澳门为葡语国家旅游部门人员提供培训》，http：//gw. mofcom. gov. cn/article/jmxw/201503/20150300911011. shtml。

得角总理内维斯视察几比布巴克岛和鲁巴内岛时表示，在旅游业方面，几比需要向佛得角学习。两国政府将签署一项几比旅游业相关人员赴佛得角旅游岛接受培训的协议。费尔南德斯强调，几比已经准备好全面发展旅游业，尤其是生态旅游已经作为国家优先考虑领域，国家计划在 2018 年前把几比放在非洲的旅游地图上。①

---

① 中华人民共和国驻几内亚比绍大使馆经济商务参赞处：《几比政府希望发展生态旅游》，http：//gw. mofcom. gov. cn/article/jmxw/201507/20150701053857. shtml。

第七章

外　交

几内亚比绍共和国自独立以来，始终奉行反帝、反殖、和平与睦邻友好的外交政策。几比政府虽多次更迭，但历届政府对一些重大国际问题，始终坚持正确的原则，态度明确坚定。几比共和国同葡萄牙保持着传统的特殊关系，两国签有友好总协定，合作范围涉及工农业、文教、司法和行政管理各个方面。葡萄牙也是几比的主要贸易伙伴和最大援助国。几比同中国虽远隔重洋，但两国友谊可追溯到几比民族独立斗争时期。1974 年两国建交，1990 年中断外交关系，1998 年复交。此后在各领域的合作获得较快发展。

第一节　外交政策及对当前重大国际问题的态度

一　外交政策与对外关系

自独立至今，几内亚比绍一直支持民族解放运动，支持被压迫人民的正义斗争，主张世界各国和平共处，坚持平等互利、互不干涉内政、不用武力解决国际争端；主张建立国际政治和经济新秩序；主张国家外交应该为发展服务，愿根据联合国宪章和非洲统一组织宪章的精神和原则，同世界上不同社会制度和不同发展水平的国家建立平等互利的友好合作关系；呼吁实现全面彻底的裁军；积极支持非洲统一和经济一体化，支持并参与"非洲发展新伙伴计划"，积极参与西非地区事务；重视发展同塞内加尔、几内亚等周边国家关系；积极加强同葡萄牙、法国等西方国家及国际金融组织关系。几比是联合国、世界贸易组织、不结盟运动、伊斯兰合作组织、非洲联盟、西非国家经济共同体、西非经济货币联盟、葡语国家共同体、法语国家组织、萨赫勒－撒哈拉国家共同体等组织成员国。目前，几比与近 60 个国家建交。1974 年 9 月 17 日，几内亚比绍加入联合国，在联合国中表现积极。欧盟、世界卫生组织、世界粮农组织、联合国开发计划署、联合国粮食计划署、联合国儿童基金会等国际组织都在比绍设有代表处。2003 年 9 月发生军事政变以后，几比将争取国际社会的理解和经济援助作为外交重点。2012 年再度发生军事政变后，联合国、欧盟等国际组织对几比实施制裁，非盟中止了几比成员国资格。2013 年 12 月，在由美国福布斯杂志发布最佳及最差营商环境国家的名单上，参加排名的国家共计 145 个，而几比被列为最后一名，成为投资者眼中最差营商环境的国家。① 2014 年几比大选后，除联合国未解除对军事政变领导人的旅行禁令外，国际社会已解除对几比的制裁。非盟于 2014 年 7 月正式恢复了几比成员国资格。

二 对当前重大国际问题的态度

几内亚比绍自建国以来，政府虽几经更迭，但历届政府对当前一些重大国际问题，始终坚持原则，态度明确坚定。现就几比对各个重大国际问题的主张分述如下。

关于国际形势：认为"9·11"事件后，国际形势发生了深刻而复杂的变化，国际关系中的不稳定因素有所增加。一个由少数西方大国主宰、发展不平衡的世界难以维持长久的和平与安定。

关于联合国安理会改革：赞成安理会进行改革。认为安理会改革应该反映国际形势发展变化，安理会应具有更广泛的代表性，尤其应该加强包括非洲在内的发展中国家的代表性。

---

① 该排名是基于对各国产权、创新、税收、科技、腐败、个人自由、贸易、官僚作风、投资者保障和股市表现等来计算。测评机构有：自由之家、美国传统基金会、透明国际和世界银行。中华人民共和国驻几内亚比绍大使馆经济商务参赞处：《几比被列入 5 个营商环境最差国家名单》，http：//gw.mofcom.gov.cn/article/jmxw/201312/20131200425263.shtml。

关于非洲形势：认为虽然某些国家的和平进程取得重要进展，非洲国家联合自强趋势得到加强，但非洲远没有实现稳定与发展，部分地区冲突仍在持续，贫困化加剧。呼吁国际社会帮助非洲走出困境。

关于非洲联盟：认为非盟的成立标志着非洲国家联合自强的努力进入了新阶段。非盟将推动非洲国家更好地依靠自身力量处理本地区事务，维护自身利益。

关于经济全球化：认为经济全球化是不可逆转的客观趋势，是一把"双刃剑"。大多数发展中国家贫穷落后，不仅无法真正参与经济全球化进程，反而在全球化冲击下被边缘化，南北差距进一步扩大。呼吁国际社会特别是发达国家帮助发展中国家消除贫困，实现共同发展。

关于债务问题：认为债务问题和贫困是发展中国家经济发展的最大障碍。呼吁西方国家加大减债力度，增加投资。认为西方国家应为殖民时期的掠夺道歉并做出赔偿。

关于打击国际恐怖主义：坚决谴责并支持打击一切形式的恐怖主义，认为恐怖主义对世界和平与稳定构成了严重威胁，贫困和不公正是恐怖主义的根源。主张打击恐怖主义应在联合国主导下，采取综合治理、标本兼治的方法，确定明确目标，不能将其与特定的民族或宗教混为一谈。

第二节　同葡萄牙的关系

几内亚比绍共和国同葡萄牙保持着传统特殊关系。两国签有友好总协定，合作范围涉及农业、工业、通信、航空、渔业、水电、文化教育、新闻、体育、司法和行政管理等。两国设有混委会。两国高层交往频繁，在各领域的合作密切。葡萄牙也是几内亚比绍的主要贸易伙伴之一和最大的援助国。

1980～1999 年，葡萄牙向几内亚比绍提供贷款 7000 余万美元。几比1999 年底大选期间，葡萄牙提供了 1.6 亿西非法郎援助。2000 年，两国签署 3 年合作协议，葡萄牙允诺向几内亚比绍提供 4000 万美元援助。

2004年，双方签署合作计划协定，葡萄牙承诺在3年内向几比提供1350万欧元援助和投资。2005年，葡萄牙为几比灭蝗、防治霍乱和总统大选等提供了多笔援助。两国领导人频繁互访。据经济合作与发展组织统计，几比2011年共接受外援1.2亿美元，2012年共接受外援7900万美元，其中1200万美元来自葡萄牙。葡萄牙还每年向几比提供一定数额的奖学金名额，以资助几比学生出国学习。2016年2月24日，几比派出49名全额奖学金学生赴葡萄牙佩苏达雷瓜农村发展职业学校学习。①

2012年4月几比发生政变后，葡萄牙政府予以强烈谴责，坚持要求恢复原合法政府，并中止了对几比的援助。2013年6月几比组成更具包容性的过渡政府后，葡萄牙表示欢迎，继而主动资助几比选举。2014年几比成功进行立法选举后，几比高层已正式访问葡萄牙，标志着几比与葡萄牙的双边关系全面复苏。2014年6月，瓦斯总统在正式就职前访问葡萄牙，会见葡萄牙总统席尔瓦。同月，葡萄牙外长马谢特赴几比出席瓦斯总统就职仪式。11月，佩雷拉总理访问葡萄牙，双方签署了一份"未来8个月应急预案计划"，葡萄牙援助几比682.5万欧元，用于几比和平与安全领域，加强政府治理，巩固国家法治。该计划还包括移民管理和边境管制、预防犯罪和司法机构能力建设、支持税务和海关机构建设等。2015年7月，葡总理科埃略访问几比，双方签署了双边合作5年计划书，葡方将在2015～2020年向几比提供约4000万欧元的各类援款，其中用于几比人类发展和公益事业建设的援款将有3000万欧元，剩余1000万欧元将投资涉及施政管理、法律法规和人权保护的相关项目。

第三节　同美国的关系

几内亚比绍同美国于1976年建交。美国国际开发署在比绍设有代表

---

① 中华人民共和国驻几内亚比绍大使馆经济商务参赞处：《葡萄牙向几比提供49名全额奖学金名额》，http://gw.mofcom.gov.cn/article/jmxw/201602/20160201262154.shtml。

处，在农业、水利、医疗卫生、教育和沿海安全等方面提供援助。1988
年，美国第一次向几内亚比绍派遣和平队。1998 年几比内战后，美国驻
几比使馆关闭，国际开发署驻比绍代表处撤离。2003 年 9 月几比军事政
变后，美政府拒绝承认几比过渡政府。2005 年 12 月，美国确认 2005 年
共有 37 个非洲国家符合美"非洲发展与机会法案"（AGOA，African
Growth and Opportunity Act）① 的要求，其中包括几比。2006 年 10 月，几
比阿里斯蒂德斯·戈梅斯总理出访美国。2009 年 1 月，几比佩雷拉议长
赴纽约出席世界和平大会。2011 年，几比总理和外长出席在纽约召开的
第 66 届联大，会见了美国主管非洲事务的副国务卿。12 月，几比国防部
部长贾日亚访美。据经济合作与发展组织统计，2011 ~ 2012 年，美国援
助几比 700 万美元。2013 年 4 月，美特工以涉嫌贩毒为由抓捕几比前海
军少将楚托并将其押解至纽约候审，几比过渡政府对此表示不满。几比新
政府成立后，美国表示欢迎，并重新参与双边合作，关注几比国家稳定和
经济增长。2014 年 8 月，瓦斯总统出席首届美非峰会。2015 年 7 月 8 ~ 9
日，美国海军部部长雷·麦伯斯正式访问几比，这是迄今为止美派往几
比最高级别的官方访问，旨在讨论双边合作伙伴关系，扩大和加深美国和
几比人民之间的合作，并推动地区繁荣和稳定。

第四节 同法国的关系

几内亚比绍同法国于 1975 年建交。建交后国家领导人维埃拉曾 5 次
访问法国。几比议长、总理、外长等也先后访问法国。1987 ~ 1992 年，
法国向几比提供援助约 4200 万美元。1997 年 5 月，法国向几内亚比绍

① AGOA 签署于 2000 年，是美国为非洲国家提供的一种鼓励进入美国市场的措施，被列为
美国"贸易与发展法案 2000"的第一章。自颁布以来，美国会已对此进行过两次修改。
美国希望通过该法案促使非洲国家制定有关自由贸易的法律或经济政策，开放本国经
济，建立市场经济制度，减少贫穷，保护劳工权益。而达到 AGOA 要求的国家，无疑是
获得了进入美国市场的通行证，将实现与美国的利益共享，风险共担，对本国贸易和经
济的增长有极大的促进作用。

提供 200 万法郎的预算援助，用于发放几内亚比绍公共机关拖欠员工的工资。1998 年几内亚比绍发生兵变后，法国支持塞内加尔和几内亚出兵几比平叛，并提供了军用物资。1999 年 5 月，维埃拉总统下台后，几比军委会因不满法国偏袒维埃拉而焚烧法国驻几比使馆，两国关系一度紧张。法国谴责武力推翻维埃拉总统。亚拉总统执政后，法国恢复了与几比的全面合作。2000 年 11 月，几比副总理因巴利访问法国。2001 年 1 月，几比总理恩查马赴法国治病。2003 年几比军事政变后，法国数次向几比过渡政府提供援助。2005 年 1 月，法国向几比提供 50 万欧元援助，用于弥补几比 2004 年的预算赤字。此后，几比国家领导人多次访问法国。2011 年 7 月，法国资助 19.1 万欧元用于改善几比医疗卫生、扫盲、加强渔业和手工业。11 月，法国免除几比 856 万欧元债务。据经济合作与发展组织统计，2011～2012 年，法国援助几比 800 万美元。2011 年 11 月底，萨尼亚总统赴法国就医，于 2012 年 1 月 9 日在法国巴黎一家医院去世。

第五节　同周边国家的关系

一　同安哥拉的关系

几内亚比绍和安哥拉虽非邻国，但两国因同属非洲葡语国家而保持着良好的双边关系，近年来，两国在政治经济社会等各领域的交流与合作发展迅速。2007 年 2 月和 2008 年 6 月，维埃拉总统两次访问安哥拉。在担任葡共体轮值主席国期间，安哥拉对几比国防和安全领域改革给予大力支持，通过向几比派遣军事团、提供人员培训等帮助几比实施改革。2009 年 1 月和 2010 年 9 月，戈梅斯总理访问安哥拉。2010 年 10 月 23 日，安哥拉宣布，批准为几比提供 1200 万美元的预算支持和 2500 万美元的信用额度，并免除几比的债务。2011 年 6 月，安哥拉武装部队总参谋长访问几比，12 月，戈梅斯总理访问安哥拉。2012 年 1 月，安哥拉国防部部长访问几比，4 月，几比政变军方要求安军事团撤离，安军事团于 6 月正式撤离。2014 年 6 月，几比瓦斯总统赴安哥拉出席非洲葡语国家峰会并访安。2015 年 6 月，几比议长卡萨马访问安哥拉。

二 同佛得角的关系

几内亚比绍人民和佛得角人民曾在几内亚和佛得角非洲独立党的统一领导下携手进行了争取民族独立的斗争。两国独立后，曾继续保持两国一党执政的局面。1980 年，维埃拉发动名为"调整运动"的政变后，遭到佛得角政府的谴责，两国关系恶化。1981 年 1 月 20 日，佛得角另立新党——佛得角非洲独立党，从此一党同时领导两国的状况宣告结束。1982年，两国宣布关系正常化。1998 年，佛得角非洲独立党主席访问几比，同几内亚和佛得角非洲独立党签署两党合作声明。2001 年 12 月，佛得角总统佩德罗·皮雷斯派特使前往几比，对几比政府挫败未遂政变表示支持。2002 年 5 月，佛得角总统佩德罗·皮雷斯派特使访问几比，提出希望两国加强合作，尤其是在民用航空领域的合作。2003 年几比军事政变后，佛得角外长参加西共体代表团赴几比斡旋。2004 年 5 月，佛得角总理内韦斯出席几比新政府就职仪式。2006 年 3 月，几比维埃拉总统出席佛得角总统皮雷斯连任就职仪式。2009 年 4 月，两国政府共同在佛得角首都普拉亚举办几比国防和安全部门改革问题圆桌会议。2012 年几比发生政变后，佛得角采取与葡共体一致的立场。2014 年 6 月，佛得角总统丰塞卡赴几比出席瓦斯总统就职仪式。12 月，几比达罗萨外长访问佛得角，向佛得角提供了象征性的 7.5 万美元现汇援助，支持佛方进行火山喷发灾后重建。2015 年 1 月，佩雷拉总理访问佛得角，佛总理内韦斯于 7 月回访。

三 同几内亚的关系

几内亚比绍同几内亚来往密切。几内亚曾经积极支持几内亚比绍的独立斗争。1980 年几比政变后，几内亚首先承认几比新政府并给予粮援。两国元首关系甚密，互访频繁。1985 年 2 月 14 日，经海牙法庭仲裁，两国海域争端得到圆满解决。1998 年 6 月几比兵变后，几内亚出兵协助维埃拉政府，后及时撤回。2004 年 1 月，几比总统赴几内亚出席几内亚总统兰萨纳·孔戴连任就职仪式。2008 年 12 月，维埃拉总统赴几内亚出席兰萨纳·孔戴总统葬礼。2009 年 8 月，戈梅斯总理访问几内亚。2011 年 9 月，戈梅斯总理在出席第 66 届联大期间在纽约会见了几内亚总统阿尔法·孔戴。2012 年几比发生政变后，阿尔法·孔戴总统出任西共体几比问题调解人，积极参与斡旋。2014 年 6 月，瓦斯总统在正式就职前访问几内亚。同月，阿尔法·孔戴总统赴几比出席瓦斯总统就职仪式。

四　同塞内加尔的关系

塞内加尔也曾积极支持几内亚比绍的独立斗争。几比独立以后，同塞内加尔签有友好条约和十几项经贸协定。但是，两国对海域划分有争议，曾就此诉诸日内瓦国际仲裁法庭和海牙国际法庭。几比与塞内加尔南部要求独立的卡萨芒斯地区接壤，两地很多居民同宗同族。几比曾数次派人出席有关该问题的地区会议及谈判，并促成塞政府与该地区反政府武装卡萨芒斯民主力量运动达成停火协议。1998 年 6 月几比发生兵变后，应几内亚比绍总统维埃拉要求，塞内加尔出兵相助。1999 年 1 月，西非维和部队进驻后，塞内加尔军队逐渐撤离。亚拉总统上台后，重申卡萨芒斯地区属于塞内加尔领土，双方还设立边境定期接触机制。2003 年 9 月几内亚比绍军事政变后，塞内加尔总统、外长均曾赴几内亚比绍斡旋。2006 年 4 月，维埃拉总统赴塞出席塞内加尔独立日庆典暨瓦德总统就职典礼。2008 年 3 月，维埃拉总统出席了在塞内加尔首都达喀尔举行的伊斯兰会议组织第 11 届首脑会议。2009 年 4 月，戈梅斯总理访问塞内加尔。2009 年 10 月，几比与塞内加尔边境地区再次出现纷争，两国经过协商谈判，达成共识，发表联合公告，决定重启双方中断 16 年的合作混委会，共同打击边界地区非法活动。2012 年几比发生政变后，塞内加尔作为西非国家经济共同体成员积极参与危机的调解，促成有关过渡期安排，并在西共体框架下参与向几比派遣安全部队。2014 年 6 月，瓦斯总统在正式就职前访问塞内加尔。同月，塞内加尔总统萨勒赴几比出席瓦斯总统就职仪式。

第六节　同其他葡语国家的关系

　　作为葡语国家共同体创始国之一，几内亚比绍非常重视发展同莫桑比克、圣多美和普林西比及巴西等葡语国家的关系。自 1979 年以来，葡语国家举行了多次首脑会议，签订了政治、经济、文化、贸易、航运、邮电、侨务、领事和财政等领域的合作协定或议定书。2006 年 7 月，葡语国家共同体组织第六届成员国首脑会议在比绍市举行。几比、葡萄牙、莫桑比克、安哥拉、佛得角等国领导人出席了会议。此次峰会的主题为"新千年的目标——葡共体的挑战与贡献"。在首脑会议上通过了咨询观察员章程和观察员联合会章程，成立了企业家协会委员会、青年论坛、卡路斯特基金会等 18 个葡共体内部组织机构并任命了 5 位热心大使。会议选举几比总统维埃拉为葡共体首脑会议主席，并接纳赤道几内亚等国为该组织的观察员国。会后发表了《比绍宣言》。《比绍宣言》提出了以完成联合国千年发展计划为目标，集中力量到 2015 年将葡共体内贫困人口减少一半；继续坚持各国民主进程建设；在葡共体内部加强外交部门的沟通与组织协调，提高共同行动效率；起草制定葡共体《合作整体战略文件》，加强共同体内多边合作；加强葡共体内部组织建设，在执行秘书处内增设职能部门；在国际上加强与联合国等国际组织的联系，与各种区域和次区域组织发展合作关系等一系列举措。此次会议后，几比担任葡共体轮值主席国至 2008 年 7 月。2010 年 12 月，萨尼亚总统出席巴西总统罗塞夫的就职典礼。2011 年 7 月，巴西外长访问几比，双方签署农业科技协议。2012 年几比发生政变后，葡共体成员国保持一致立场，呼吁几比尽早举行大选，结束过渡期。2013 年 1 月，东帝汶前总统奥尔塔被任命为联合国秘书长几比问题特别代表兼联合国几内亚比绍建设和平综合办事处主任。2014 年以来，东帝汶积极为几比大选提供援助。6 月，东帝汶总理沙纳纳访问几比。同月，葡语国家派代表出席了瓦斯总统就职仪式。7 月，圣多美和普林西比前总统特罗瓦达继任联合国秘书长特别代表兼联合国几比建设和平综合办事处主任。同月，佩雷拉总理赴东帝汶出席葡共体峰会。2015 年 1 月，瓦斯总统赴巴西出席罗塞夫总统连任就职仪式。5 月 5~9 日，几比承办葡共体青年组织会议，该会议邀请葡共体成员国各青年组织参加，目的是促进各组织间的文化交流。2016 年，东帝汶政府向几比捐赠 50 万美元，兑现完成了在 2015 年布鲁塞尔圆桌会议上承诺的全部援款，该款项将支持几比民主和解进程，帮助其和平与发展。[①] 2016 年 4 月 9~10 日，第十一届中国与葡语国家企业经贸合作洽谈会在比绍成功举办，来自中国和安哥拉、巴西、佛得角、莫桑比克、葡萄牙等葡语国家的 150 余家企业、300 余人参加了洽谈会。几比方面还分别组织了多场圆桌会议和一对一对接洽谈，重点向各国企业推介了本国在农业、渔业、基础设施、能源和矿业等领域的合作项目，介绍了相关行业的投资政策。[②]

第七节　同中国的关系

一　双边政治关系

中国和几内亚比绍虽远隔重洋，但两国人民之间的友谊源远流长，可以追溯到几比人民争取民族独立斗争时期。早在几内亚和佛得角非洲独立党领导争取民族独立的武装斗争之初，中国即向该党提供了政治、财政等援助，并为其培训了数十名干部。1974 年 3 月 15 日，中华人民共和国和几内亚比绍共和国签署建交公报，两国建立正式的外交关系。但是，1990 年 5 月 26 日，几内亚比绍与台湾当局建立所谓"外交关系"，5 月 31 日，中国宣布中止同几内亚比绍的外交关系。1998 年 4 月 23 日，两国政府签署了《中华人民共和国和几内亚比绍共和国关于恢复

---

① 中华人民共和国驻几内亚比绍大使馆经济商务参赞处：《东帝汶向几比捐赠 25 万美元》，http：//gw. mofcom. gov. cn/article/jmxw/201604/20160401305429. shtml。

② 中华人民共和国驻几内亚比绍大使馆经济商务参赞处：《几比成功举办第十一届中国与葡语国家企业经贸合作洽谈会》，http：//gw. mofcom. gov. cn/article/jmxw/201604/20160401294564. shtml。

外交关系的联合公报》和《中华人民共和国政府和几内亚比绍共和国政府关于恢复外交关系的谅解备忘录》。两国恢复外交关系后，双边关系翻开了新的一页，双方在政治、经贸、卫生等各个领域的合作获得较快发展。

自建交至今，两国人员交往不断增多。其中，中国外交部部长李肇星与中联部部长王家瑞分别于 2007 年、2011 年到访几比；几比时任总统昆巴·亚拉、若奥·贝尔纳多·维埃拉、议长贝南特、总理戈梅斯、巴罗斯等领导人都曾访问中国。

2015 年 12 月 4～5 日，第二届中非合作论坛峰会在南非约翰内斯堡举行，其间中国国家主席习近平会见了几比总统瓦斯。峰会结束后，瓦斯总统接受媒体采访时盛赞中非合作论坛峰会取得的丰硕成果，并表示，要抓住中非合作论坛的契机，很好利用中国提供给几比的发展机会。

二　双边经贸关系

（一）双边经贸发展

自 1974 年 3 月至今，两国多次签署经济技术合作协定。中国为几内亚比绍援建了体育场、医院、稻谷技术推广站等。1998 年 4 月两国复交后，由于几比于同年 6 月陷入战乱，双边合作于翌年 5 月几比政局趋于稳定后才逐步重新展开。目前，中国和几比关系发展顺利，两国在农业、渔业、建筑业、发电设备技术合作、竹编技术合作、文教、卫生等领域进行的互利合作成果显著。

中国与几比双边贸易通过现汇支付。由于几比经济困难，外汇短缺，市场狭小，加之几比出口品种有限，因此两国贸易额不大。2016 年，双边贸易额 2100 万美元，同比下降 42.3%。[①] 据中国海关总署数据显示，2017 年 1～2 月，中国与几比进出口商品总值 290.06 万美元，同比增长 16.86%。其中中国从几比进口商品总额 0 美元；向几比出口商品总额

---

① 《几内亚比绍国家概况》，http：//www.fmprc.gov.cn/web/gjhdq_ 676201/gj_ 676203/fz_ 677316/1206_ 677752/1206x0_ 677754/。

290.06 万美元，同比增长 19.82%。①

据中国海关总署数据显示，2018 年 1 月，中国与几比进出口商品总值 108.1 万美元，同比增长为 - 42.4%。其中中国从几比进口商品总额 0 美元；向几比出口商品总额 108.1 万美元，同比增长为 - 42.4%。② 中方主要向几比出口轻工、谷物、机电产品、钢材、纺织品等，从几比进口腰果、原棉和原木，但数量不多（见表 7 - 1）。

表 7 - 1   2010 ~ 2017 年中国与几内亚比绍贸易统计

年份	1 ~ 12 月金额（千美元）			累计比去年同期（%）		
	进出口	出口	进口	进出口	出口	进口
2010	13297	9434	3863	- 46.4	- 59.3	138.9
2011	18971	14851	4120	42.7	57.4	6.7
2012	22528	15895	6633	18.9	7.0	61.8
2013	28595	11770	16825	26.9	- 26.0	153.6
2014	67109	17153	49956	133.7	44.3	196.9
2015	37114	19301	17812	- 44.7	12.5	- 64.3
2016	21398	21236	161	- 39.4	21.5	- 99.1
2017	34127	33724	402	59.4	58.7	149.6

表格由作者编制，数据来源：海关信息网，"海关统计月报 2010 ~ 2017 年进出口商品国别（地区）总值表"，http：//www. haiguan. info/NewData/NewDateList. aspx? d = 3。

多年来，为帮助几比政府和人民在危难时期解决实际困难，中国政府不断向几比政府和人民提供大量的资金和物质援助，其中包括大米、发电设备、办公用品、农业物资等。中国政府还与几比政府多次签署贸易、经济和技术合作协定，向几比提供技术、无偿援助和无息贷款等多方面的资助。几比政府和人民对中国政府和人民的深情厚谊表示衷心的感谢。

---

① 中华人民共和国驻几内亚比绍大使馆经济商务参赞处：《2017 年 1 ~ 2 月中国与几内亚比绍进出口总额 290.06 万美元》，http：//gw. mofcom. gov. cn/article/jmxw/201704/20170402560116. shtml。

② 《海关统计月报 2018 年 1 月进出口商品国别（地区）总值表》，海关信息网，http：//www. haiguan. info/NewData/NewDateList. aspx? d = 3。

2009 年 9 月 11 日，几比总统萨尼亚在首都比绍接受新华社独家专访时说，中国是几比最重要的合作伙伴，几比将优先发展同中国的友好合作关系。2010 年 1 月 21 日，中国向几比捐赠 100 多万美元为中国援建的新政府大楼进行装修。2 月 11 日，中国政府向几比提供了 2500 吨大米的粮食援助。8 月 31 日，应几比政府请求，中国向几比政府无偿提供包括拖拉机、挖掘机、办公设备等价值约 120 万美元的施工设备。11 月 15 日，几比驻中国澳门特别行政区名誉领事馆正式揭幕。几比总理戈麦斯、澳门特别行政区行政长官崔世安出席并主持揭幕仪式。12 月 29 日，两国政府签署了《中华人民共和国政府和几内亚比绍共和国政府经济技术合作协定》。2011 年 1 月中旬，澳门中国企业家代表团抵达几比进行为期 10 天的访问考察，考察范围涉及几比的农业、渔业、能源、工业、支柱产业和主要出口产品腰果。10 月 26 日，中国驻几比大使李宝钧与几比国务部部长南迪格纳签署中国向几比提供无偿援助和无息贷款经济技术合作两个协定，援款将用于两国政府商定的项目。

2012 年 3 月，中国政府向几比政府援助 7 辆公务用车，以帮助几比政府解决一些部门公务用车的困难。2013 年 4 月 23 日，中国政府向几比捐赠了 110 根太阳能路灯。这些路灯主要安装在比绍市政厅、总统府和附近小区周围，以解决比绍市供电不稳定、影响夜间照明的问题，并可以大大改善首都比绍市的治安。7 月 9 日，来自几比的代表在澳门参加"葡语国家商贸企业管理研修班。9 月 25～26 日，第四届中国与葡语国家机场会议在澳门举行，来自中国、几内亚比绍等国近 200 名业界代表出席会议。2014 年 5 月 15 日，几比《前进报》刊登中国国务院总理李克强接受非洲国家媒体联合采访全文。5 月 19 日，中葡论坛（澳门）培训中心开设旅游会展研修班，包括几比在内的 27 名葡语国家的学员参加研修。5 月 27～31日，来自几比等国的行业领导和专家到访北京，参加第三届中国国际服务贸易交易会，并参观会议、旅游及展览（MICE）三个行业项目。

2015 年 5 月 10～13 日，中国援几比农业专家组举办了 2015 年"第三期水稻生产技术培训班"，来自几比水稻产区的 33 位水稻生产管理干部和技术骨干参加了培训班学习。6 月 3 日，几比公共设施、建设与城市化部部长阿尔梅达在澳门参加第六届国际基础设施投资与建设高峰论坛及中国与葡语国家间的基础设施部长级会议，阿尔梅达表示，几比将与澳门质量学会和土木工程实验室签署两个技术援助协议，澳门将向几比公共设施、建设与城市化部的工程师提供培训。10 月 23 日，几比计划与地区一体化国务秘书门德斯率团参加了在澳门举办的第 20 届"澳门国际贸易投资展览会"。10 月 26 日，中国水产总公司比绍代表处向比绍手工渔业协会捐赠了一批价值约 3 万美元的渔业劳保用品，以改善当地渔民的生产作业条件。2016 年 10 月，几比总理巴希罗·贾率团赴澳门参加中葡论坛第五届部长级会议。①

2016 年 5 月以来，为积极支持几比总统瓦斯提出的"大力发展水稻农业"倡议，中国援几比农业技术专家组抽调精干力量组成技术专班，多次前往总统家乡卡莱基塞开展水稻种植技术培训，为当地种植户送去良种、肥料和农药，并进行田间现场指导和技术指导培训。通过努力，2016 年该地水稻产量喜获丰收，由原来每公顷不足 1 吨提高到 3 吨，村民们的种稻积极性显著提高，受到几比总统的高度评价。② 2017 年 6 月 29 日，应几比法曼丁加军垦农场（Fá-Mandinga）请求，中国援几比农业专家前往该农场帮助修复农业机械。前来农场视察工作的几比武装部队总参谋长纳恩坦将军高度评价了中国农业专家对军垦农场的无私帮助。③ 2017 年 7 月 25 日，中国援助的几比板丁渔业码头项目实施协议签字仪式在几比渔业部举行。中国驻几比大使金红军表示，即将建设的板丁渔业码头不仅会成为中几比友谊的重要见证，还将为几比渔业发展提供一个重要的基础设

---

① 中华人民共和国驻几内亚比绍大使馆经济商务参赞处：《中葡论坛第五届部长级会议：几比代表团率先抵澳》，http://gw.mofcom.gov.cn/article/jmxw/201610/20161001406826.shtml。

② 中华人民共和国驻几内亚比绍大使馆经济商务参赞处：《中国援几比农业专家赴总统家乡培训水稻种植技术》，http://gw.mofcom.gov.cn/article/jmxw/201706/20170602596381.shtml。

③ 中华人民共和国驻几内亚比绍大使馆经济商务参赞处：《中国援几比农业技术专家帮助几比军垦农场修复农用机械》，http://gw.mofcom.gov.cn/article/jmxw/201706/20170602601938.shtml。

施。几比渔业部部长维埃加斯感谢中国政府对几比基础设施、农业、卫生、教育等领域的长期无私援助,他表示,板丁渔业码头项目实施协议的签订,将极大地改善板丁渔业码头的运营状况,促进当地渔业发展,从而带动几比经济深入发展。① 2017 年 9 月,几比总统瓦斯在其家乡卡莱基塞召集了来自全国各地的 116 位酋长,专门参观卡莱基塞水稻种植示范田,希望全国各地都以此为榜样,积极发展水稻粮食生产。卡莱基塞约有 200 公顷水稻种植区,在中国援几比农技专家示范和指导下,2017 年约 50 公顷淡水稻区和 30 公顷咸水稻区种植了由中国专家选育的“美味 12”良种。② 2017 年 11 月 14 日,中国政府援几比政府粮食交接捐赠仪式在几比总统府举行。几比总统瓦斯出席了捐赠仪式,瓦斯总统十分感谢中国政府再次及时向几比伸出援助之手,在几比遭受旱涝和受灾群众急需粮食的关键时刻及时提供粮食援助,急几比之急需。③

(二) 中国企业在几内亚比绍开展投资合作应该注意的问题④

中国公司在几内亚比绍开展承包劳务业务始于 1984 年。近年来,越来越多的中国公司有兴趣在几比开展投资与合作,在此过程中应注意以下几个方面的问题。

首先,要未雨绸缪,以应对各种不测因素。几比军人多次以非和平方式干政,导致不可抗力因素明显增加,法令废弛,政策多变,这会对投资项目构成诸多阻力。而且,在几比申请优惠政策手续烦琐,机构办事效率低,各种人为障碍较多,需要付出许多公关成本。全国没有正常运转的通信网、供电网和给排水系统。道路年久失修,疫病肆虐,对在几比从事经贸合作人员的生存构成威胁。

---

① 中华人民共和国驻几内亚比绍大使馆经济商务参赞处:《援几比板丁渔业码头项目实施协议签字仪式在比绍举行》,http://gw.mofcom.gov.cn/article/jmxw/201707/20170702615953.shtml。
② 中华人民共和国驻几内亚比绍大使馆经济商务参赞处:《几比总统承诺将“Mon na lama”倡议推广到 39 个县》,http://gw.mofcom.gov.cn/article/jmxw/201709/20170902640515.shtml。
③ 中华人民共和国驻几内亚比绍大使馆经济商务参赞处:《中国援几比粮食交接捐赠仪式在总统府隆重举行》,http://gw.mofcom.gov.cn/article/jmxw/201711/20171102672541.shtml。
④ 中华人民共和国驻几内亚比绍大使馆经济商务参赞处:《中国企业在几内亚比绍开展投资合作应该注意哪些问题》,http://gw.mofcom.gov.cn/article/ztdy/201103/20110307452886.shtml。

其次，要因地制宜，实行本地化经营。几比以私营中小企业为主，企业规模小、信誉差，三角债盘根错节，不愿做信用证贸易，多以 DP 方式做进口，这对中国安全收款造成威胁，贸易纠纷案件不断。几比人均收入过低，当地市场上高档商品少有人问津。由于电力严重不足，空调、洗衣机和电视机等都难以销售。由于几比失业率比较高，劳动力也很便宜，因此加大雇佣当地劳工比率，实行雇佣制度本地化，既可以改善与当地工会的关系，也可以降低生产成本，对提升企业形象具有重要意义。

再次，要认真做好风险评估与风险规避。在几比开展投资、贸易、承包工程和劳务合作的过程中，要特别注意事前调查、分析、评估相关风险，事中做好风险规避和管理工作，切实保障自身利益。建议相关企业积极利用保险、担保、银行等保险金融机构和其他专业风险管理机构的相关业务来保障自身利益。包括贸易、投资、承包工程和劳务类信用保险、财产保险、人身安全保险等，以及银行的保理业务和各类担保业务（政府担保、商业担保、保函）等。如果发生了风险损失，也要根据损失情况尽快通过自身或相关手段追偿损失。

最后，要入乡随俗，和气生财。几比人自尊心比较强，对他们不要用"NEGRO"（尼格罗），而应用"NOIR"（诺阿尔）来称呼。在与几比客商谈生意时，要以礼相待，不要冷面孔待人，更不要妄自尊大。注意合法经营和公平竞争，坚持以守约、薄利、重义、共赢的方针，抓住机遇，努力开拓。

三　文化、医疗、军事等方面的双边交往

（一）文化交往

自 1977 年起，中国每年向几比提供奖学金名额。1982 年，中国和几比两国政府签署文化协定，两国文化代表团曾互访。2007 年 10 月中旬，在中国对非援助八项举措的框架内，应几比政府的要求，中国政府同意分别在几比的卡谢乌和巴法塔省援建两所农村学校，以改善上述两个地区适龄儿童上学的条件，缓解几比教育设施落后状况。2009 年 4 月 19 日，中国驻几比大使严邦华和几比教育、文化与科学部部长欧坎特共同出席中国

援建的中国几比友谊学校竣工交接仪式，学校的落成极大地改善了比绍地区的教育条件。2010 年，几内亚比绍参加上海世博会，几比政府高度重视这次世界性盛会，希望通过此次展会让全球认识几比、了解几比。这次几比展台以"生物多样性"为主题，以此来吸引国际投资到几比兴办实业。9 月 24 日，几比总理戈梅斯出席了上海世博会几内亚比绍国家馆日庆祝活动并致辞。在庆祝活动上，来自几比的表演者们还献上了热情奔放的非洲舞蹈。戈梅斯还与一些中小型企业举行了座谈，涉及领域有基础设施建设、石油等，戈梅斯邀请这些中国企业家到几比投资。2013 年 8 月 21 日，中国驻几比大使王华在使馆宴会厅为获得 2013 年中国政府奖学金即将赴华的 15 名几比留学生举行欢送招待会，并颁发录取通知书。该批留学生所学专业涵盖多个领域，包括临床医学、经济学、国际交流、国际贸易、工商管理、工程学等专业。

（二）医疗交往

中国和几内亚比绍签有中国向几内亚比绍派遣医疗队议定书。中国自 1976 年起向几内亚比绍派遣医疗队，迄今共派出 16 批，有数百人次。目前仍有医疗队员在几比首都比绍工作，有内、外、妇、针灸、麻醉等科，工作地点在国家中心医院。中国政府每年还提供一定数量的药品和医疗器械，并在几比出现疫情时提供紧急现汇与医疗物资援助，帮助几比渡过难关。2008 年 9 月 5 日，中国政府向几比政府提供用于抗击霍乱疫情的 10 万美元紧急现汇援助。2009 年 12 月，按照两国签署的协议，中国向几比提供 800 万美元的贷款，用于为在建的比绍军队医院建设中国医生和几比医生宿舍。2014 年 10 月 15 日，几比卫生部为中国援助几内亚比绍第 14 批医疗队全体队员举行了最高规格的表彰仪式，颁发荣誉证书。10 月 31 日，中国继 5 月 22 日援助几比之后，第二次向几比提供埃博拉疫情防护救治物资。这批援助物资包括 17000 套防护服、17000 个口罩、17000 副一次性灭菌橡胶手套、17000 双靴套、17000 副防护眼镜、200 个温度计、200 个喷雾器、5 部体温检测仪、3000 个尸体袋等。11 月 17 日，王华大使应邀出席中国第 15 批援几比医疗队向几比国家聋哑学校物资捐赠仪式。12 月 18 日，王华大使代表中国政府与几比公共卫生部部长瓦伦蒂娜·门德斯签署《埃博拉出血热公共卫生专家组赴几内亚比绍开展埃博拉出血热公共卫生培训工作谅解备忘录》。中国继当年 4 月和 10 月两次提供紧急物资援助后，再次积极响应几比政府请求和世界卫生组织呼吁，派遣防疫专家为几比基层医务工作者、公共卫生人员、社区志愿者开展培训，传授中国急性传染病防控经验，帮助几比提升防疫能力和技术水平。12 月 23 日，中国公共卫生专家在几比开展的埃博拉出血热疫情防控培训开班仪式在几比陆军总医院举行。几比公共卫生部部长门德斯积极评价中国政府为包括几比在内的非洲国家防控埃博拉疫情所提供的真诚帮助。2015 年 9 月 18 日，中国援几比医疗队在比翁博地区举行义诊活动，共接待了 200 余名患者。2016 年 4 月 29 日，中国援助几比药械交接仪式在首都中几比友谊医院举行。中国政府每年向几比捐赠药械，造福当地百姓，帮助他们战胜疾病。[1] 12 月 27 日，几比卫生部部长巴赖主持隆重仪式，欢送完成援外任务的第 15 批中国医疗队，欢迎第 16 批新队员。[2]

2017 年 5 月 5 日，中国第 16 批援几比医疗队赴曼索阿医院开展义诊活动。他们冒着 40 多度高温在简陋的就诊区为当地病患进行了 3 个多小时的义诊，就诊人数高达 150 多人，努力为当地高血压、疟疾、糖尿病、HIV 感染等患者解除病痛。[3] 2017 年 5 月 17 日，中国政府援几比药械交接仪式在比绍中几比友谊医院隆重举行。此次中国政府向几比捐赠的药械包括抗疟药、抗生素、手术器械、制氧机和心电图等紧缺药械，几比国防部部长萨尼亚、卫生部部长巴赖、武装部队总参谋长特别代表科斯达分别致辞，感谢中国政府和人民多年来的无私帮助。[4] 2017 年 5 月 31 日，中

---

[1] 中华人民共和国驻几内亚比绍大使馆经济商务参赞处：《中国政府援几内亚比绍政府药械交接仪式在比绍举行》，http://gw.mofcom.gov.cn/article/jmxw/201604/20160401309504.shtml。

[2] 中华人民共和国驻几内亚比绍大使馆经济商务参赞处：《几比政府为我援几比医疗队举行迎送仪式》，http://gw.mofcom.gov.cn/article/jmxw/201701/20170102495155.shtml。

[3] 中华人民共和国驻几内亚比绍大使馆经济商务参赞处：《第 16 批中国援几比医疗队赴曼索阿区开展义诊活动》，http://gw.mofcom.gov.cn/article/jmxw/201706/20170602597079.shtml。

[4] 中华人民共和国驻几内亚比绍大使馆经济商务参赞处：《中国政府援几内亚比绍政府药械交接仪式在比绍举行》，http://gw.mofcom.gov.cn/article/jmxw/201705/20170502577924.shtml。

国援几比卡松果医院药械交接仪式在卡松果市顺利举行，卡松果市市长佩雷拉、卡谢乌地区酋长费雷拉和地区卫生局局长因洽拉分别在致辞中感谢中方对几比卡谢乌地区医疗卫生事业的无私援助。[①] 2017 年 7 月 28 日，中国驻几比大使金红军在使馆举行交流会，邀请中几比友谊医院双方医疗专家，就进一步加强合作和更好造福几比人民交流经验。[②]

（三）军事交往

虽然相隔万里之遥，但近年来，中国与几比一直保持军事方面的联系。一方面，双方军事人员相互访问。1999 年 10 月，几比军委会统帅安苏马内·马内到访中国。2001 年 11 月，几比总参谋长韦里西莫·科雷亚·塞亚布拉到访中国。2004 年 9 月，几比国防部部长丹尼尔·戈梅斯访问中国。2006 年 5 月，几比总参谋长巴蒂斯塔·塔格梅·纳·瓦伊率团访华。2007 年 3 月，中国国防部外事办公室副主任丁进攻少将率团访问几比。2009 年 10 月 23 日，中国总参谋长助理陈勇会见了几内亚比绍、安哥拉等国来华参加非洲葡萄牙语国家中高级军官研讨班的人员。另一方面，中国在军事上给予几比大力援助。2008 年 6 月 4 日，由中国政府援建的几内亚比绍共和国总统卫队宿舍、军官住宅和军人俱乐部 3 个项目在几比首都比绍举行了隆重的竣工交接仪式。7 月 7 日，中国驻几比大使严邦华与几比武装部队总参谋长瓦伊将军共同出席中国向几比提供 10 套扫雷设备器材的交接仪式。2010 年 8 月 20 日，几比最大的综合性医院——几比军队总医院（中几比友谊医院）竣工，从而填补了几比军队系统尚无大型综合性医院的空白，目前这是几比第一个军民两用医院，中国援几比医疗队就在这家医院提供医疗合作服务。2014 年 1 月 23 日，正值几比"祖国解放战士纪念日"之际，几比国防部在比绍隆重举行中国援助几比老战士住宅项目——"北京小区"揭牌仪式，该项目有效地解决了几比老战士住房难的实际问题。

① 中华人民共和国驻几内亚比绍大使馆经济商务参赞处：《我援几内亚比绍卡松果医院药械交接仪式顺利举行》，http：//gw.mofcom.gov.cn/article/jmxw/201706/20170602585081.shtml。

② 中华人民共和国驻几内亚比绍大使馆经济商务参赞处：《驻几内亚比绍大使金红军举办中几比医疗专家交流会》，http：//gw.mofcom.gov.cn/article/jmxw/201708/20170802619946.shtml。

四 主要援助项目

（一）农技合作项目

中国与几比在农业领域的合作已有多年。自 1974 年中几两国建交开始，中国就向几内亚比绍提供农业援助。两国间的农业技术合作已进行了6 期，每期 2 年，合作方式是由几内亚比绍无偿提供土地，中国无偿派遣8 名农业专家并提供必要的农业机械、种子、化肥、农药等农用物资，开展中国水稻良种种植技术培训。这种合作实际上是中国对几比的经济技术援助。合作实践证明，中国水稻种植技术先进，品种优良，产量较高，每亩年产 700 多公斤，是当地水稻产量的 2.5 倍。几比人民对中国水稻品种和种植技术赞不绝口。应几比方的要求，合作有所扩大，技术服务区域由原来的 1 省 3 点扩大到 3 省 11 点，中方的农业专家由原来的 8 人增至 15人，并加大了技术培训力度和扩大了示范面积。

（二）发电设备项目

该项目由中方提供 4 台 1500 千瓦柴油发电机组，并负责安装调试，2002 年 11 月 18 日正式开工。在双方共同努力下，中方施工组克服了施工和安装条件差等困难，保证了项目正常实施，并于 2003 年 2 月完成全部工程的施工、安装、调试任务。经验收，该项目被评为优良工程。机组投入运行后，有效缓解了首都比绍电力短缺的状况。根据几比政府要求，中方派遣技术人员和翻译到几比，对发电机组维修保养和正常运行提供技术指导，并培训几比技术人员。4 月 5 日，中国援建几比发电设备项目在比绍举行交接仪式。几比总理皮雷斯对中国政府表示感谢，并表示新机组投入使用，将会改善比绍水电供应和企业正常经营所需的外部条件。

（三）老战士住宅项目

中国援建几内亚比绍老战士住宅项目占地面积 37138 平方米，总建筑面积 14229 平方米，有 11 幢住宅楼，每栋三层，共 132 套，另外还有小区内道路等附属工程。2002 年 3 月正式开工，于 2003 年 9 月竣工并通过内外验收。建成后，该项目是几比质量最高、外观最好的住宅小区。2003

年 10 月 15 日，该项目举行了交接仪式。不久，中国政府又向几比老战士住宅小区提供发电机组和水泵，以解决该小区内居民生活用电和用水问题。2014 年 1 月 23 日，几比国防部在比绍隆重举行了"北京小区"揭牌仪式，目前小区有 1055 人居住。

（四）人民宫项目

2003 年 11 月 27 日，中国政府援建几内亚比绍人民宫项目举行隆重奠基仪式。人民宫是功能齐备、技术先进的现代化会议中心，是该国议会的办公和会议场所，建筑内外装修美观典雅，包括会议厅主体和南北两个配楼，主体结构为砼框架，总用地面积 13768 平方米，总建筑面积 6316 平方米，总造价 5000 万元人民币。在施工期间，一名年轻的中国工程人员献出了自己宝贵的生命。2005 年 3 月 23 日，中国援建几比人民宫项目交接仪式在比绍举行。几比总统罗萨和田广凤大使为项目交接剪彩。罗萨总统在仪式上衷心感谢中国对几比的无私援助和对几比发展的重视，高度评价两国的传统友好合作关系。他将人民宫誉为"中国－几内亚比绍友谊的象征"。建成的人民宫现已成为比绍最为引人瞩目的建筑之一。

（五）政府办公大楼项目

2008 年 8 月 28 日，几比举行隆重的几内亚比绍政府办公大楼奠基仪式。该项目是由 3 栋二层办公楼组成的建筑群，总建筑面积 1.8 万平方米，占地面积近 4 万平方米，该工程造价为 2200 万美元，工期为 20 个月，施工单位为北京建工集团有限责任公司。该项目是中国为几比援建的一大标志性建筑。中、几比两国工程技术人员通力合作，用短短 2 年时间顺利完成办公楼项目。2010 年 4 月 21 日，几比总理戈梅斯一行视察了中国援几比政府办公大楼项目。11 月 10 日，举行交接仪式。在当天的交接仪式上，几内亚比绍总统萨尼亚说，政府办公大楼的建成和投入使用将为改善几内亚比绍政府办公条件发挥重要作用。他对中国政府长期以来向几比提供的无私援助表示感谢。现有 13 个部委在这栋办公楼内工作。

（六）总统府项目

几内亚比绍总统府是原葡萄牙殖民时期遗留的总督府旧址，在 1998～1999 年几比内战中被严重损毁。2011 年 10 月 20 日，中国援几比总统府维修项目开工。该工程分为两部分：第一部分包括对原主体大楼、车库、发电机房、地下室、雇员房间的修复，建筑面积为 2600 平方米；第二部分为新建办公楼，包括 31 间办公室、2 间会议室、1 间茶室、4 个公共卫生间，建筑面积 1300 平方米。新办公楼还配有发电机房，7 个带卫生间的办公室。修复扩建工程还包括总统府内环境建设，包括建造总统府院内混凝土路面及围墙翻修等。2013 年 7 月 6 日，中国向几比过渡政府移交维修和扩建的总统府，现这里已成为几比总统及顾问团队日常工作的场所。经过维修，总统府原主体楼建筑保持原来风格，成为几比不可多得的文化遗产和标志性建筑。

（七）"9·24"国家体育场项目

"9·24"国家体育场（Estádio 24 de Setembro）是中国政府于 1985 年为几比援建的、可容纳 15000 名观众的宏伟建筑之一。1998～1999 年内战导致体育场严重损坏。2012 年 2 月 29 日，中国援几比体育场维修项目动工，2013 年 3 月 5 日，"9·24"国家体育场维修工程竣工。修缮后的"9·24"国家体育场是目前几比公认的最现代化的体育场，有视频监控系统、塑胶跑道、电子记分牌、同声解说室、带喷洒系统的天然草坪足球场等。该体育场能满足国际田联和足联的要求，满足进行国际比赛的要求，大大促进了几比国家体育运动的发展，为未来承办洲际比赛创造了条件。

（八）卡松果医院项目

1981 年 4 月 2 日，根据几内亚比绍共和国政府的要求，中国政府同意帮助几内亚比绍共和国建设卡松果医院。2003 年 12 月 22 日，中国驻几比大使高克祥和几比卫生部部长玛丽娅玛分别代表两国政府就卡松果医院维修扩建事宜在比绍换文确认。中国于 2006 年帮助几比对卡松果医院进行扩建维修，该项目包括维修医院主楼（约 4000 平方米）、新建辅助用房（约 600 平方米）和新建医疗队住房（约 1000 平方米），维修项目由福建省建工集团承建。2008 年 2 月 29 日，在几内亚比绍卡松果市举行了中国援几比卡松果医院维修扩建项目竣工交接仪式。该项目的交付使用大大改善了当地人民就医和中国援几比医疗队人员的工作和生活条件。该医院是几比西北省份最大的综合性医院。中国四川医疗队在此提供医疗合作服务。

（九）中几比友谊医院项目

2008 年 1 月 16 日，中国与几比政府签署了中国援建几比军队总医院（中几比友谊医院）的立项换文。该医院总建筑面积 8200 多平方米。项目于 2008 年底前开工。2010 年 8 月 20 日，中国驻几比使馆举行中几比友谊医院项目落成移交仪式，萨尼亚总统出席仪式并剪彩。2011 年 5 月，中几比友谊医院向公众开放。中几比友谊医院拥有 200 张床位和 CT 高端设备，不仅是几比第一个军民两用医院，也是几比最大的综合性医院，极大地缓解了几比军方及首都民众就医看病难的问题，受到几比政军界的一致好评。根据两国签署的医疗援助协议，2012 年 10 月，中国医疗队正式入驻中几比友谊医院工作。虽然这座医院的名字叫军队总医院，但来医院看病的病人中，98.87% 为普通公民，这对几比公众来说是个绝好的福利。

（十）国立卫生学校项目

几内亚比绍国立卫生学校原校址在博拉马岛，后迁到比绍市，但在 1998～1999 年几比内战中毁于战火。2012 年，中国援几比卫生学校项目破土动工。该项目位于比绍市恩特位门托区，包括教学楼、行政楼、实验楼、师生宿舍及体育场等，作为几比医护人员培养和进行科研的场所，可满足 500 名学生、90 名教职员工使用；总建筑面积 5920 平方米，包括教学区、生活区，其中 22 间教室，每间教室可容纳 30 名学生，教师宿舍配备独立卫生间，学生宿舍有设施完善的公共卫生间，还有一个可容纳 200 人的公共食堂、290 人的会议室，并有 3 个设备齐全的同声翻译室，以及蓄水水塔、一组功率为 400 千伏安的发电机和多功能休闲区。2013 年 12 月 26 日，中国援几比国立卫生学校项目移交仪式在比绍隆重举行。

大事纪年

1446 年	葡萄牙殖民者侵入博拉马岛。
葡萄牙殖民者于	1588 年在卡谢乌、1640 年在法林、1686 年在比绍建立了贸易商站。
1836 年	佛得角成立了殖民政府，几内亚比绍受该岛总督管辖。
19 世纪	英国提出对博拉马和比热戈斯群岛的领土要求，并于 1858 年占领了博拉马。
1879 年	葡萄牙当局把几内亚比绍从佛得角划出，派驻总督，定都博拉马，从此几内亚比绍正式沦为葡萄牙殖民地。
1908 年	在博拉马爆发了席卷全境的大规模起义。
在这种情况下	葡萄牙当局于 1913～1915 年派特萨拉·平托（Teixeira Pinto）少校率军"绥靖"。
1920 年、1932 年、1939 年	都爆发过抗击葡萄牙殖民主义者的武装暴动。
1951 年	葡萄牙当局把几内亚比绍定为其"海外省"，并派驻总督统治。
1956 年 9 月 19 日	阿米卡尔·卡布拉尔等人一起组建了几内亚和佛得角非洲独立党，他出任了该党的第一任总书记。
1959 年 8 月 3 日	比绍比基吉迪（Pidjiguiti）码头工人在几内亚和佛得角非洲独立党的领导下举行罢工，遭殖民军开枪射击，酿成惨案，此后几比人民逐渐投

	入到武装反抗殖民统治的行列中来。以后每年的 8 月 3 日就成为几内亚比绍的比基吉迪（Pidjiguiti dock srike）烈士纪念日。
1960 年	阿米卡尔·卡布拉尔率几内亚和佛得角非洲独立党代表团访华。
1961 年	路易斯·卡布拉尔参与创建几内亚比绍全国劳动者联盟这一党的外围组织，并担任总书记。
1963 年 1 月 23 日	几内亚和佛得角非洲独立党领导游击队袭击蒂特市的殖民军，打响了武装斗争的第一枪，并在几内亚比绍南部地区领导了一系列武装起义，正式揭开了几内亚比绍人民武装反抗殖民统治的序幕。
1964 年 11 月 16 日	几内亚和佛得角非洲独立党决定成立人民革命武装部队。
1972 年	阿米卡尔·卡布拉尔率几内亚和佛得角非洲独立党代表团访华。
1972 年 3 月	几内亚比绍国家通讯社成立。
1973 年	路易斯·卡布拉尔担任几内亚和佛得角非洲独立党副总书记。
1973 年 1 月 20 日	阿米卡尔·卡布拉尔遭到暗杀。
1973 年 9 月 23 日	几内亚比绍第一届全国人民议会开幕；次日，大会宣布几内亚比绍共和国正式成立并颁布宪法，选举阿米卡尔·卡布拉尔的弟弟路易斯·卡布拉尔为国务委员会主席，并将东南地区的博埃村作为几内亚比绍的临时首都。
1974 年 3 月 15 日	中华人民共和国与几内亚比绍共和国签署建交公报，建立外交关系。
1974 年 9 月	几内亚比绍国家广播电台成立。
1974 年 9 月 10 日	葡萄牙当局宣布自当日起在法律上承认几内亚比绍共和国，葡萄牙武装部队将在 1974 年 10

	月 31 日前全部撤出几内亚比绍共和国领土,双方在外交、财政、文化、经济和技术以及其他各个方面进行合作。
1974 年 9 月 24 日	塞内加尔同几内亚比绍建交外交关系。
1975 年	几比同法国建立外交关系。
1976 年	几比同美国建立外交关系。
1977 年 11 月	几内亚和佛得角非洲独立党第三次代表大会确定几内亚和佛得角非洲独立党为几内亚比绍和佛得角两国共同的政党。1978 年,两国各自成立党的全国委员会。
1981 年 1 月 20 日	几内亚和佛得角非洲独立党佛得角全国委员会另立佛得角非洲独立党。从此,一党两国的状况宣告结束。
1980 年 11 月	总理维埃拉领导武装力量,发动"调整运动",推翻了以路易斯·卡布拉尔(Luis Cabral)为国务委员会主席的政府,接管政权,由他担任革命委员会主席、政府首脑和武装部队最高统帅。
1980 年 11 月	几内亚比绍召开几内亚和佛得角非洲独立党的全国委员会第一次特别代表大会,决定沿用原名,并通过了新的党章和党纲。
1982 年	维埃拉率团访问中国。
1982 年	几比与佛得角两国关系正常化。
1984 年	几内亚比绍召开新一届全国人民议会之后,同年 5 月 17 日几内亚比绍新宪法出台,这是几内亚比绍第二部宪法。
1984 年 5 月	维埃拉当选国务委员会主席。
1985 年 11 月	几内亚比绍第一副总统科尔·保罗·科雷亚(Col Paulo Correia)和一些高级军官由于涉嫌策划军事政变而被捕。

1986 年 8 月	几内亚比绍政府取消了贸易限制,允许私人公司开展进出口业务。
1987 年	维埃拉政府同国际货币基金组织合作,对经济结构进行调整,根据国家发展的实际需要和经济效益来调整工业和基础项目,整顿商业。
1989 年 6 月	维埃拉连任国务委员会主席兼政府首脑,开始了他的第二个 5 年执政期。
1989 年 11 月 14 日	几内亚比绍国家电视台正式开播。
1990 年	昆巴·亚拉创建社会民主阵线党,之后,他又因党内分裂而退党。
1990 年 5 月 26 日	几比与中国台湾地区建立所谓"外交关系",5 月 31 日,中国宣布中止同几比的外交关系。
1991 年 1 月 21 日	几内亚和佛得角非洲独立党举行第二次特别代表大会,决定深化民主、开放多党政治。
1991 年 5 月	几内亚比绍全国人民议会特别会议对宪法进行了修改,通过了建立多党制的法律,正式终结了几内亚比绍一党制的历史,并终止了几内亚和佛得角非洲独立党作为执政党的政治领导地位。
1992 年 1 月	昆巴·亚拉创建社会革新党并任主席。
1992 年 3 月	大约 30000 人在比绍举行了一次示威运动,这是首次在政府允许下进行的示威运动。
1993 年 2 月	几内亚比绍全国人民议会通过决议,从立法上促进几内亚比绍向多元民主政体的转变。
1994 年 7 月 3 日	几内亚比绍大选开始,由于计票出现问题,选举延续了两天时间。此次大选中,共有 8 名候选人竞选总统,1136 名候选人竞选议会的 100 个席位。
1994 年 9 月 29 日	维埃拉宣誓就任总统,并在 10 月底最终任命曼努埃尔·塞特尼诺·达科斯塔为总理。
1998 年 4 月 23 日	中国、几比两国政府签署了《中华人民共和国和几

内亚比绍共和国关于恢复外交关系的联合公报》。

1998 年 5 月	几内亚和佛得角非洲独立党第六次党代会召开，会议上，维埃拉再次当选为党主席，而党的总书记这一职位被取消。
1998 年 6 月	几内亚比绍军队前总参谋长安苏马内·马内率兵发动叛乱，并成立以他为首的"巩固民主、和平和正义军事委员会"（military junta for the consolidation of democracy, peace and justice），要求维埃拉总统和政府辞职。
1998 年战乱中	以马内为首的叛军与忠于维埃拉总统的军队展开了激战，有超过 3000 名外国人乘船疏散到塞内加尔，数十万人为躲避战火逃离家园沦为难民，这引发了严重的人道主义危机。国际救援组织为难民提供了食物和医疗用品。
1998 年 7 月底	在西非国家经济共同体和葡语国家共同体两个国际组织的联合斡旋下，几内亚比绍交战双方达成了休战协定，并于 8 月 26 日在佛得角首都普拉亚正式签署了停火协定。
1998 年 10 月	由于几比双方在外国军队撤军和建立民族团结政府等问题上存在严重分歧，内战再度爆发。反政府武装在 10 月 18 日至 21 日短短的 4 天时间内，占领了包括几内亚比绍第二大城市巴法塔在内的东部大部分地区，使局势进一步恶化。
1998 年 11 月 1 日	在有关各方的努力下，几内亚比绍交战双方终于在外国军队撤军和部署西非维和部队等问题上达成了一致，维埃拉总统和反政府武装领导人、前武装部队总参谋长安苏马内·马内将军正式签署了结束长达 5 个月内战的和平协定（Abuja accord）。
1999 年	维埃拉流亡葡萄牙。

1999 年 5 月 7 日	军委会武力推翻维埃拉总统,维埃拉逃往葡萄牙大使馆寻求庇护,并于 5 月 10 日签署命令宣布无条件投降。几内亚比绍人民议会议长马拉姆·巴卡伊·萨尼亚(Malam Bacai Sanhá)代理总统行使权力。不久,几内亚和佛得角非洲独立党高层开会,推选出曼努埃尔·塞特尼诺·达科斯塔为党的新主席以取代维埃拉。
1999 年 7 月	几内亚比绍宪法修正案得以通过,该法案规定:几内亚比绍总统只能连任两届;废止死刑;几内亚比绍的主要领导人必须由几内亚比绍本土居民担任。
1999 年 9 月	几内亚和佛得角非洲独立党召开特别会议开除了维埃拉的党籍,同时被开除出党的还有前总理卡洛斯·科雷亚和他任期内的 5 名部长,而在职的国防与祖国自由战士部部长弗朗西斯科·贝南特(Francisco Bernante)被推选为党的主席。
1999 年 11 月 28 日	几内亚比绍举行总统大选和议会选举。在首轮总统竞选中没有一位总统候选人的得票数超过总票数的 50%,因此,社会革新党的昆巴·亚拉和几内亚和佛得角非洲独立党的马拉姆·巴卡伊·萨尼亚于 2000 年 1 月开始了第二轮的总统竞选。
2000 年 1 月 16 日	几内亚比绍第二轮总统选举开始,亚拉获得了 72% 的选票,击败了得票 28% 的萨尼亚,并于 2 月 17 日宣誓就任几内亚比绍总统。
2000 年 11 月	马内扬言要对政府动武,战事一触即发,但最终多数将领倒戈支持亚拉政权,马内被击毙。
2001 年 12 月 3 日	几内亚比绍内政部在首都比绍发表公报宣布,称该国刚刚挫败了一起企图推翻现总统昆巴·亚拉的军事政变。
2002 年 12 月	昆巴·亚拉总统率团访华。

2003 年 9 月 14 日	几内亚比绍武装部队总参谋长韦里西莫·科雷亚·塞亚布拉（Verissimo Correia Seabra）领导军队发动军事政变，宣布成立"恢复宪法和民主秩序军事委员会"，接管国家权力，塞亚布拉自任军委会主席。几内亚比绍总统昆巴·亚拉和总理马里奥·皮雷斯均被捕。
2003 年 9 月 23 日	几内亚比绍政变军方宣布任命企业家、无党派人士恩里克·罗萨为几内亚比绍过渡总统，任命前内政部部长、社会革新党总书记阿图尔·萨尼亚为过渡政府总理。
2003 年	几比第一所私立大学博埃科利纳斯大学成立。
2003 年 11 月	几比过渡总统罗萨访问几内亚。
2004 年 1 月	罗萨总统赴几内亚出席几内亚总统兰萨纳·孔戴连任就职仪式。
2004 年 1 月	几比第一所公立大学阿米尔卡·卡布拉尔大学（UAC）成立。
2004 年 3 月 28 日	几内亚比绍举行议会选举。几内亚和佛得角非洲独立党获 102 个议席中的 45 席，原执政党社会革新党获 35 席，团结社会民主党获 17 席。5 月 9 日，罗萨总统任命几内亚和佛得角非洲独立党主席卡洛斯·戈梅斯为总理。
2004 年 10 月 6 日凌晨	部分曾参加联合国利比里亚维和行动的士兵在首都比绍发动哗变，要求发放拖欠的维和津贴以及其他军人薪饷，并杀害了塞亚布拉。
2005 年 6 ~ 7 月	几内亚比绍举行了总统选举。经过两轮投票，作为独立候选人参选的几内亚比绍前领导人维埃拉最终赢得了大选。
2005 年 8 月	几比总统维埃拉对几内亚、塞内加尔进行了私人访问。

2005 年 10 月 1 日	维埃拉宣誓就任几内亚比绍新一届总统。
2006 年 4 月	维埃拉总统赴塞内加尔出席塞内加尔独立日庆典暨瓦德总统就职典礼。
2006 年 7 月	几比举办第六届葡共体首脑会议,并担任葡共体轮值主席国至 2008 年 7 月。
2006 年 10 月	维埃拉总统访华并出席中非合作论坛北京峰会。
2007 年 2 月	维埃拉总统赴法国出席第 24 届法非首脑会议。
2007 年 2 月	维埃拉总统访问安哥拉和几内亚。
2008 年 3 月	维埃拉总统出席了在塞内加尔首都达喀尔举行的伊斯兰会议组织第 11 届首脑会议。
2008 年 3 月和 10 月	维埃拉总统两次访问几内亚。
2008 年 9 月	维埃拉总统访华并出席北京残奥会闭幕式。
2008 年 12 月	维埃拉总统赴几内亚出席兰萨纳·孔戴总统葬礼。
2008 年 6 月	维埃拉总统访问安哥拉。
2009 年 3 月 1 日	几比武装部队总参谋长巴蒂斯塔·塔格梅·纳·瓦伊在武装部队总部大楼发生的爆炸中被炸死,3 月 2 日,总统维埃拉遇袭身亡。根据宪法规定,国民议会议长雷蒙多·佩雷拉(Raimundo Perreira)在新的总统选举举行前担任临时总统,总统选举将在两个月内举行。
2009 年 6 月 28 日	几内亚比绍开始举行总统选举,参选的 11 位候选人均未获得半数以上选票,按照几比选举法规定,得票最多的两名候选人马拉姆·巴卡伊·萨尼亚(Malam Bacai Sanhá)与昆巴·亚拉进入第二轮角逐。最终,执政的几内亚和佛得角非洲独立党候选人马拉姆·巴卡伊·萨尼亚在第二轮总统选举中获胜。
2009 年 9 月 8 日	几内亚比绍当选总统萨尼亚在首都比绍宣誓就任该国第 4 任总统,佩雷拉继续担任议长
2009 年 10 月	几比与塞边境地区再次出现纠纷,两国经过协商谈

	判，达成共识，发表联合公告，决定重启双方中断16年的合作混委会，共同打击边界地区非法活动。
2010 年 4 月 1 日	几比军队副总参谋长安东尼奥·因贾伊（Antonio Ndjai）发动政变，总理卡洛斯·戈梅斯（Carlos Gomes）、军队总参谋长萨莫拉·因杜塔和内政部部长等人被政变军人劫持。
2010 年 5 月	萨尼亚总统赴法出席第 25 届法非首脑会议。
2010 年 12 月	萨尼亚总统出席巴西新总统罗塞夫的就职典礼。
2011 年 9 月	萨尼亚总统赴佛得角出席佛前总统佩雷拉葬礼。
2012 年 1 月 9 日	几内亚比绍总统萨尼亚因糖尿病并发症在法国巴黎瓦勒德格拉斯医院逝世，享年 64 岁。几比国民议会议长雷蒙多·佩雷拉再次代理总统职务。
2012 年 3 月 18 日	几比总统选举正式拉开帷幕。共有 9 名候选人角逐几内亚比绍总统一职。
2012 年 4 月 12 日	几比军队在副总参谋长与军区主席马马杜·图里·库鲁玛（Mamadu Ture Kuruma）主导下发动政变。代理总统佩雷拉和前总理、总统选举第二轮投票候选人戈梅斯被逮捕。联合国、欧盟等国际组织对几比实施制裁，非盟中止几比成员国资格。
2012 年 5 月	在国际社会压力下，政变军方与西非国家经济共同体达成一致，由代议长马努埃尔·塞里富·尼亚马若（Manuel Serifo Nhamadjo）担任过渡总统，同意西共体派兵维护宪政。
2013 年 4 月	美国特工以涉嫌贩毒为由抓捕几比前海军参谋长布博·纳·楚托并将其押解至纽约候审，几比过渡政府对此表示不满。
2014 年 2 月 21 日	临时总统尼亚马若签署总统令，决定将原定 3 月 16 日举行的大选再次推迟到 4 月 13 日举行。
2014 年 4 月 4 日	几比前总统昆巴·亚拉因心脏病发作在家中去

	世，过渡总统尼亚马若宣布4月5～7日为全国哀悼日，停止所有竞选活动。
2014年4月13日	几比总统大选开始首轮投票，几内亚和佛得角非洲独立党候选人、前财政部部长若泽·马里奥·瓦斯（José Mário Vaz）和独立候选人努诺·戈梅斯·纳比亚姆（Nuno Gomes Nabiam）分别获得40.9%和25.1%的选票，两人将在5月18日举行的总统大选第二轮投票中角逐总统一职。
2014年5月20日	几比国家选举委员会（CNE）主席宣布了几比第二轮总统大选结果，瓦斯战胜对手纳比亚姆，赢得了第二轮总统选举的胜利。
2014年6月	瓦斯总统在正式就职前访葡萄牙，会见葡总统席尔瓦。同月，瓦斯总统赴安哥拉出席非洲葡语国家峰会，并访问几内亚、塞内加尔。
2014年6月23日	若泽·马里奥·瓦斯宣誓就职总统。
2014年7月4日	几内亚比绍新任总统若泽·马里奥·瓦斯主持政府就职仪式，并公布了新内阁名单。
2014年7月	非盟于正式恢复几比成员国资格。
2014年8月	瓦斯总统出席首届美非峰会。
2015年1月	瓦斯总统赴巴西出席罗塞夫总统连任就职仪式。
2015年8月12日	瓦斯总统宣布解散总理佩雷拉领导的政府。
2015年9月17日	瓦斯又任命卡洛斯·科雷亚为新一届政府总理。
2016年5月	瓦斯总统再次宣布解散政府，6月2日任命巴希罗·贾为总理。
2016年11月18日	瓦斯总统发布总统令，任命前总统顾问乌马罗·埃尔 穆赫塔尔·西索科·恩巴洛为新总理，接替11月14日被解职的巴西罗·贾。
2016年12月13日	由恩巴洛任总理的新政府组成，包括24位部长和13位国务秘书。

参考文献

一 中文文献

1. 葛佶主编《简明非洲百科全书：撒哈拉以南》，中国社会科学出版社，2000。

2. 龚莉主编《不列颠简明百科全书》，中国大百科全书出版社，2011。

3. 联合国贸易和发展会议编《2002 年最不发达国家报告》（联合国资料），2002。

4. 李广一主编《列国志：赤道几内亚、几内亚比绍、圣多美和普林西比、佛得角》，社会科学文献出版社，2007。

5. 李维建：《西部非洲伊斯兰教历史研究》，社会科学文献出版社，2011。

6. 李树藩、王德林主编《最新各国概况》，长春出版社，2002。

7. 刘仲华、王超、陈宝林编《西亚非洲大事记》（2000～2008 年），中国社会科学院西亚非洲研究所内部资料。

8. 钱其琛主编《世界外交大辞典》，世界知识出版社，2005。

9. 舒运国：《失败的改革》，吉林人民出版社，2004。

10. 斯德哥尔摩国际和平研究所编《SIPRI 年鉴军备、裁军和国际安全》，中国国际问题研究所译，世界知识出版社，2005。

11. 英国经济学家情报部编《国家报告——刚果（布）、圣多美和普林西比、几内亚比绍、佛得角》，1999。

12. 宓世衡：《几内亚比绍独立以来的政治、经济和社会发展》，李保平、陆庭恩、王成安主编《北京大学非洲研究丛书第四辑——亚非葡语国家发展研究》，世界知识出版社，2006。

13. 乔旋：《几内亚比绍政治经济发展探析》，载李保平、陆庭恩、王成安主编《北京大学非洲研究丛书第四辑——亚非葡语国家发展研究》，世界知识出版社，2006。

14. 阿布·卡马拉、布莱马·毕埃：《几内亚比绍：历经坎坷的发展之路》，《建筑市场与招标投标》2010 年第 12 期。

15. 黄代金、宋发菊、张其蓉、夏东崛：《几内亚比绍水稻生产存在的问题与发展对策》，《现代农业科技》2013 年第 21 期。

16. 黄艳：《2011 年几内亚比绍腰果产量将增加到 30 万吨》，《世界热带农业信息》2011 年第 10 期。

17. 林修坡：《几内亚比绍反殖武装斗争的主要经验》，《政治研究》1988 年第 4 期。

18. 卢琨：《2007 年几内亚比绍出口腰果仁 9.6 万吨》，《世界热带农业信息》2008 年第 2 期。

19. 卢远华，朱穆君，杨恒、MarCelino Waz，Julio Malam：《几内亚比绍共和国农业生产现状》，《农业开发与装备》2012 年第 6 期。

20. 齐冀：《几内亚比绍共和国林业资源与木材加工业概况》，《林业机械与木工设备》2013 年第 12 期。

21. 沈世顺：《几内亚比绍的由来》，《西亚非洲》1982 年第 5 期。

22. 孙治荣、嵇静珍：《几内亚比绍》，《世界知识》1982 年第 7 期。

23. 叶·波克罗夫斯卡娅、飞鸥：《几内亚比绍的经济与对外贸易》，《国际经济评论》1983 年第 12 期。

24. 朱穆君、唐章林、居朝清、卢远华、杨恒：《几内亚比绍稻谷生产考察及中国援助工作的反思》，《世界农业》2012 年第 10 期。

25. 邹传明：《几内亚比绍：贫穷与混乱的梦魇挥之不去》，《国际经济合作》2004 年第 2 期。

26. 叶·波克罗夫斯卡娅、飞鸥：《几内亚比绍共和国和佛得角群岛共和国的经济和对外贸易》，《国际经济评论》1980 年第 10 期。

27. 云天：《几内亚比绍的若干基本数字》，《国际经济评论》1979 年第

7 期。

28. 陈顺：《几内亚比绍组成新政府》，《人民日报》2008 年 8 月 11 日。

29. 陈顺：《几内亚比绍总统维埃拉：夯实基础更具活力》，《人民日报》2006 年 11 月 2 日。

30. 曹鹏程：《胡锦涛同几内亚比绍总统会谈》，《人民日报（海外版）》2008 年 9 月 17 日。

31. 荣燕：《吴邦国会见几内亚比绍总统和利比里亚总统》，《人民日报》2006 年 11 月 3 日。

32. 王小光：《江主席与几内亚比绍总统会谈》，《人民日报》2002 年 12 月 17 日。

33. 吴绮敏：《胡锦涛同几内亚比绍总统会谈》，《人民日报》2006 年 11 月 2 日。

34. 吴绮敏：《温家宝会见几内亚比绍总统和利比里亚总统》，《人民日报》2006 年 11 月 2 日。

35. 《几内亚比绍总统遇袭身亡》，《人民日报》2009 年 3 月 3 日。

36. 《几内亚比绍议长将访华》，《人民日报》2008 年 5 月 3 日。

37. 《几内亚比绍总统会见李肇星》，《人民日报》2007 年 1 月 5 日。

38. 《几内亚比绍总统维埃拉继续对我国进行国事访问》，《人民日报》2006 年 10 月 31 日。

39. 徐松：《吴邦国会见几内亚比绍国民议会议长》，《人民日报》2008 年 5 月 13 日。

40. 伊佳：《几内亚比绍：外商投资来者不拒》，《国际商报》2011 年 4 月 11 日。

41. 友文：《几内亚比绍将实行义务兵役制》，《人民日报》2006 年 9 月 28 日。

42. 赵章云：《维埃拉就任几内亚比绍总统》，《人民日报》2005 年 10 月 4 日。

43. 赵章云：《几内亚比绍未遂政变引发动荡》，《人民日报》2005 年 5 月 27 日。

44. 周解蓉、吴黎明:《朱镕基会见几内亚比绍总统》,《人民日报》2002 年 12 月 18 日。

45. 周少平:《几内亚比绍警方积极采取保护措施》,《新华每日电讯》 2003 年 2 月 14 日。

46. 周少平:《几内亚比绍首都发生枪战》,《新华每日电讯》2000 年 11 月 24 日。

47. 中国驻几内亚比绍使馆经商参处:《几内亚比绍建材市场蕴商机》, 《国际商报》2002 年 3 月 15 日。

48. 英国《经济季评》,1995/1996 年、1999/2000 年、2002 年、2005 年 度报告。

49. 《关于防止几内亚比绍霍乱传入我国的公告》(国家质量监督检验检 疫总局公告 2008 年第 111 号),2008 年,国家图书馆藏。

50. 《中华人民共和国政府和几内亚比绍共和国政府关于中国派遣医疗队 赴几内亚比绍工作合作议定书》,2006 年,国家图书馆藏。

51. 《商务部关于承担援几内亚比绍难民物资项目供货任务的通知》, 2006 年,国家图书馆藏。

52. 《中华人民共和国政府和几内亚比绍共和国政府关于免除几内亚比绍 政府债务议定书(副本)》,2001 年,国家图书馆藏。

53. 《中华人民共和国政府和几内亚比绍共和国政府关于几内亚比绍共和 国在中华人民共和国澳门特别行政区保留名誉领事馆的换文》,1999 年,国家图书馆藏。

54. 《中华人民共和国和几内亚比绍共和国关于恢复外交关系的联合公 报》,1998 年,国家图书馆藏。

55. 《中华人民共和国政府和几内亚比绍共和国政府卫生合作议定书》, 1988 年,国家图书馆藏。

56. 《中华人民共和国政府和几内亚比绍共和国政府关于中国增派医务人 员赴几内亚比绍工作的换文》,1985 年,国家图书馆藏。

57. 《中华人民共和国政府和几内亚比绍共和国政府渔业合作协定》, 1984 年,国家图书馆藏。

58. 《中国和几内亚比绍关于援建卡松果医院的换文》，1981 年，国家图书馆藏。

59. 《中华人民共和国政府和几内亚比绍共和国政府关于中国派遣医疗队赴几内亚比绍工作的议定书》，1980 年，国家图书馆藏。

60. 《新华通讯社与几内亚比绍国家通讯社新闻合作协定》，1978 年，国家图书馆藏。

61. 《中华人民共和国政府和几内亚比绍共和国政府经济技术合作协定》，1975 年，国家图书馆藏。

二　外文文献

1. Adekeye Adebajo, *Building peace in West Africa: Liberia, Sierra Leone, and Guinea-Bissau*, Boulder, Colo. : Lynne Rienner Publishers, 2002.

2. Boubacar-Sid Barry ed. , *Conflict, livelihoods, and poverty in Guinea-Bissau*, Lexis Nexis Academic & Library Solutions, 2007.

3. Callewaert-Sjöberg, *The birth of religion among the Balanta of Guinea-Bissau*, Department of History of Religions, University of Lund, Almqvist & Wiksell］, c2000.

4. Carlos Lopes, *Guinea-Bissau: From Liberation Struggle to Independent Statehood*, translated by Michael Wolfers, Boulder, Colo. : Westview Press; London; ［Totowa］, N. J. : Zed Books, 1987.

5. Einarsdóttir, Jónína, *Tired of weeping: mother love, child death, and poverty in Guinea-Bissau*, . Madison, WI: University of Wisconsin Press, 2004.

6. Eric Morier-Genoud ed. , *Sure road?* Leiden Boston, 2012.

7. Food and Agriculture Organization of the United Nations Regional Office for Africa: *FAO STATISTICAL YEARBOOK 2014 Africa Food and Agriculture Food*, 2014.

8. FAO Forest Products Statistics, *FAO Yearbook of Forest Products 2012*

9. *FAO Trade Yearbook 2002*, Bethesda, Maryland : LexisNexis.

10. *FAO, Yearbook of Forest Products 2001*, Bethesda, Maryland : LexisNexis.

11. FAO, *Yearbook of Production 2001*, Bethesda, Maryland : LexisNexis.

12. FAO, *Yearbook of Fishery Statistics 2001*, Bethesda, Maryland: LexisNexis.

13. Gerard Chaliand, *Armed struggle in Africa*, translated by David Rattray and Robert Leonhardt, Monthly Review Press, 1969.

14. Ole Gjerstad, *Sowing the First Harvest: National Reconstruction in Guinea-Bissau*, Oakland, CA: LSM Information Center, 1978.

15. *Guinea-Bissau*, ProQuest, c2012.

16. *Guinea-Bissau*, Bethesda, Md. : LexisNexis Academic & Library Solutions, 2009.

17. *Guinea-Bissau*, Bethesda, Md. : LexisNexis Academic & Library Solutions, 2008.

18. *Guinea-Bissau*, Bethesda, Md. : LexisNexis Academic & Library Solutions, 2006.

19. *Guinea-Bissau, ex post assessment of performance under IMF-supported programs, 1993 – 2003*, Bethesda, Maryland: LexisNexis, *2005*.

20. *Guinea-Bissau, selected issues and statistical appendix*, Bethesda, Maryland: LexisNexis, *2005*.

21. *Guinea-Bissau, staff report for the 2004 Article IV consultation*, Bethesda, Maryland: LexisNexis, *2005*.

22. *Guinea-Bissau, selected issues and statistical appendix*, Bethesda, Maryland: LexisNexis, *2005*.

23. IMF, *Second poverty reduction strategy paper*, ProQuest, c2012.

24. IMF: *International Financial Statistics*, June 2006.

25. *Industrial commodity statistics yearbook 2002*, Bethesda, MD: LexisNexis, *2005*.

26. Inger Callewaert, *The birth of religion among the Balanta of Guinea-Bissau*, Lund, Sweden: Department of History of Religions, University of Lund; [Stockholm: Almqvist & Wiksell], 2000.

27. Jónína Einarsdóttir, *"Tired of weeping": child death and mourning among papel*

mothers in Guinea-Bissau, Stockholm : Department of Social Anthropology, 2000

28. John P. Cann; foreword by Bernard E. Trainor, *Counterinsurgency in Africa: the Portuguese way of war*, 1961 – 1974, Westport, Conn. : Greenwood Press, 1997

29. Joshua B. Forrest, *Lineages of state fragility: rural civil society in Guinea-Bissau*, Ohio University Press, 2003.

30. Joshua B. Forrest, *Guinea-Bissau: power, conflict, and renewal in a West African nation*, Boulder: Westview Press, 1992.

31. Lars Rudebeck, *Guinea-Bissau: A study of political mobilization*, Uppsala: Scandinavian Institute of African Studies ; Stockholm : distributed by Almquist & Wiksell, 1974.

32. Laura Bigman, *History and hunger in West Africa*, Westport, Conn. : Greenwood Press, 1993.

33. Ministry of Economy, *Republic of Guinea-Bissau*, LexisNexis Academic & Library Solutions, 2008.

34. Regional Department West 2, ORWB, *Republic of Guinea-Bissau*, ProQuest, c2011.

35. Richard Andrew Lobban, Jr. and Peter Karibe Mendy, *Historical dictionary of the Republic of Guinea-Bissau*, Lanham, Md. : Scarecrow Press, *1997*.

36. Richard Lobban, *Historical dictionary of the Republics of Guinea-Bissau and Cape Verde*, Metuchen, N.J. : Scarecrow Press, 1979.

37. Rosemary E. Galli and Jocelyn Jones, *Guinea-Bissau: Politics, Economics, and Society*, London: F. Pinter; Boulder: L. Rienne, 1987.

38. RUAG, World Air Forces 2010 report. pdf.

39. RUAG, World Air Forces 2011 – 2012 report. pdf.

40. Stephanie Urdang, *Fighting two colonialisms: women in Guinea-Bissau*, New York: Monthly Review Press, 1979.

41. The Economist Intelligence Unit, *Country Repor: Congo (Brazzaville)*,

São Tomé and Príncipe, *Guinea-Bissau*, *Cape Verde*, the Economist Intelligence Unit, 1996 – 2003.

42. The Economist Intelligence Unit, *Country Report*：*Guinea-Bissau*, the Economist Intelligence Unit, 2003 – 2014.

43. The government of Guinea-Bissau, *Country presentation*, Geneva：United Nations, 1990.

44. Walter Hawthorne, *Planting rice and harvesting slaves*：*transformations along the Guinea-Bissau coast*, 1400 – 1900, Portsmouth, NH：Heinemann, 2003.

45. World Bank, *Guinea-Bissau*, LexisNexis A & LS, 2010.

三 网站

1. 几内亚比绍政府网：http：//www. gov. gw/index. php？lang = pt。

2. 中华人民共和国外交部网站（几内亚比绍）：http：//www. fmprc. gov. cn/mfa_ chn/gjhdq_ 603914/gj_ 603916/fz_ 605026/1206_ 605462/1206x0_ 605464/。

3. 中华人民共和国驻几内亚比绍大使馆网站：http：//gw. china – embassy. org/chn/。

4. 中华人民共和国驻几内亚比绍大使馆经济商务参赞处网站：http：//gw. mofcom. gov. cn/article/ddgk/。

5. 中国领事服务网（几内亚比绍）：http：//cs. mfa. gov. cn/zggmcg/ljmdd/fz_ 648564/jnybs_ 649683/gqjj_ 649691/。

6. 中华人民共和国商务部西亚非洲司网站：http：//xyf. mofcom. gov. cn/index. shtml。

7. 环球网：http：//country. huanqiu. com/anthem/index/bid/132/tid/10。

8. 全球通几内亚比绍论坛网：http：//jineiyabishao. qqdaili. com/。

9. 几内亚比绍华人网：http：//bbs. qufeizhou. com/guineabissau/。

10. 人民日报网：http：//paper. people. com. cn/rmrb/html/2009 – 07/08/node_ 1922. htm。

11. 中国日报网：http：//www. chinadaily. com. cn/。

12. 中国网：http：//www. china. org. cn/。

13. 新华网：http：//www. xinhuanet. com/。

14. 新浪网：http：//news. sina. com. cn/。

15. 斯德哥尔摩国际和平研究所（SIPRI）网站：Download data for all countries from 1988－2014 as an Excel spreadsheet，"SIPRI Milex data 1988－2014. xlsx"，http：//www. sipri. org/research/armaments/milex/milex_database。

16. BVD－EIU Countrydata：https：//eiu. bvdep. com/countrydata/ip.

17. CIA The World factbook-Guinea Bissau：https：//www. cia. gov/library/publications/the－world－factbook/geos/pu. html.

18. FAO-Guinea-Bissau：http：//www. fao. org/countryprofiles/index/en/? iso3＝GNB.

19. IMF-Guinea-Bissau：http：//www. imf. org/external/country/GNB/index. htm.

20. Worldbank-Guinea-Bissau：http：//data. worldbank. org. cn/country/guinea－bissau? display＝map.

21. WORLD STATESMEN：http：//www. worldstatesmen. org/Guinea－Bissau. htm.

22. U. S. Department of State-Guinea Bissau：http：//www. state. gov/r/pa/ei/bgn/5454. htm

索　引

191

新版《列国志》总书目

非洲

阿尔及利亚

埃及

埃塞俄比亚

安哥拉

贝宁

博茨瓦纳

布基纳法索

布隆迪

赤道几内亚

多哥

厄立特里亚

佛得角

冈比亚

刚果

刚果民主共和国

吉布提

几内亚

几内亚比绍

加纳

加蓬

津巴布韦

喀麦隆

科摩罗

科特迪瓦

肯尼亚

莱索托

利比里亚

利比亚

卢旺达

马达加斯加

马拉维

马里

毛里求斯

毛里塔尼亚

摩洛哥

莫桑比克

纳米比亚

南非

南苏丹

尼日尔

尼日利亚

塞拉利昂

塞内加尔

塞舌尔

圣多美和普林西比

斯威士兰

苏丹

索马里

坦桑尼亚

突尼斯

乌干达

赞比亚

乍得

中非

欧洲

阿尔巴尼亚

爱尔兰

爱沙尼亚

安道尔

奥地利

白俄罗斯

保加利亚

北马其顿

比利时

冰岛

波兰

波斯尼亚和黑塞哥维那

丹麦

德国

俄罗斯

法国

梵蒂冈

芬兰

荷兰

黑山

捷克

克罗地亚

拉脱维亚

立陶宛

列支敦士登

卢森堡

罗马尼亚

马耳他

摩尔多瓦

摩纳哥

挪威

葡萄牙

瑞典

瑞士

塞尔维亚

塞浦路斯

圣马力诺

斯洛伐克

斯洛文尼亚

乌克兰

西班牙

希腊

匈牙利

意大利

英国

美洲

阿根廷

安提瓜和巴布达

巴巴多斯

巴哈马

巴拉圭

巴拿马

巴西

秘鲁

玻利维亚

伯利兹

多米尼加

多米尼克

厄瓜多尔

哥伦比亚

哥斯达黎加

格林纳达

古巴

圭亚那

海地

洪都拉斯

加拿大

美国

墨西哥

尼加拉瓜

萨尔瓦多

圣基茨和尼维斯

圣卢西亚

圣文森特和格林纳丁斯

苏里南

特立尼达和多巴哥

危地马拉

委内瑞拉

乌拉圭

牙买加

智利

大洋洲

澳大利亚

巴布亚新几内亚

斐济

基里巴斯

库克群岛

马绍尔群岛

密克罗尼西亚

瑙鲁

纽埃

帕劳

萨摩亚

所罗门群岛

汤加

图瓦卢

瓦努阿图

新西兰

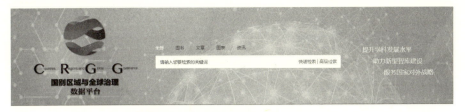

国别区域与全球治理数据平台

www.crggcn.com

　　"国别区域与全球治理数据平台"（Countries，Regions and Global Governance，CRGG）是社会科学文献出版社重点打造的学术型数字产品，对接国别区域这一重点新兴学科，围绕国别研究、区域研究、国际组织、全球智库等领域，全方位整合基础信息、一手资料、科研成果，文献量达30余万篇。该产品已建设成为国别区域与全球治理数据资源与研究成果整合发布平台，可提供包括资源获取、科研技术服务、成果发布与传播等在内的多层次、全方位的学术服务。

　　从国别区域和全球治理研究角度出发，"国别区域与全球治理数据平台"下设国别研究数据库、区域研究数据库、国际组织数据库、全球智库数据库、学术专题数据库和学术资讯数据库6大数据库。在资源类型方面，除专题图书、智库报告和学术论文外，平台还包括数据图表、档案文件和学术资讯。在文献检索方面，平台支持全文检索、高级检索，并可按照相关度和出版时间进行排序。

　　"国别区域与全球治理数据平台"应用广泛。针对高校及国别区域科研机构，平台可提供专业的知识服务，通过丰富的研究参考资料和学术服务推动国别区域研究的学科建设与发展，提升智库学术科研及政策建言能力；针对政府及外事机构，平台可提供资政参考，为相关国际事务决策提供理论依据与资讯支持，切实服务国家对外战略。

数据库体验卡服务指南

※100元数据库体验卡，可在"国别区域与全球治理数据平台"充值和使用

充值卡使用说明：
第1步 刮开附赠充值卡的涂层；
第2步 登录国别区域与全球治理数据平台（www.crggcn.com），注册账号；
第3步 登录并进入"会员中心"→"在线充值"→"充值卡充值"，充值成功后即可使用。

声明

最终解释权归社会科学文献出版社所有

客服QQ：671079496
客服邮箱：crgg@ssap.cn

欢迎登录社会科学文献出版社官网（www.ssap.com.cn）和国别区域与全球治理数据平台（www.crggcn.com）了解更多信息

图书在版编目（CIP）数据

几内亚比绍/乔旋，李广一编著. --北京：社会
科学文献出版社，2018.7（2022.3 重印）
（列国志：新版）
ISBN 978 - 7 - 5201 - 2610 - 6

Ⅰ.①几… Ⅱ.①乔… ②李… Ⅲ.①几内亚比绍 -
概况 Ⅳ.①K945.2

中国版本图书馆 CIP 数据核字（2018）第 078996 号

·列国志（新版）·

几内亚比绍（Guinea Bissau）

编　著／乔　旋　李广一

出 版 人／王利民
项目统筹／高明秀
责任编辑／张苏琴
责任印制／王京美

出　　版／社会科学文献出版社·当代世界出版分社 （010）59367004
　　　　　　地址：北京市北三环中路甲 29 号院华龙大厦　邮编：100029
　　　　　　网址：www. ssap. com. cn
发　　行／社会科学文献出版社（010）59367028
印　　装／唐山玺诚印务有限公司

规　　格／开　本：787mm × 1092mm　1/16
　　　　　　印　张：14　插　页：0.5　字　数：199 千字
版　　次／2018 年 7 月第 1 版　2022 年 3 月第 2 次印刷
书　　号／ISBN 978 - 7 - 5201 - 2610 - 6
定　　价／79.00 元

读者服务电话：4008918866